Doris Muliar

FAMILIENKÜCHE MIT DEM Monsieur Cuisine

Einfach, schnell und günstig:
Über 100 Rezepte für jeden Tag

riva

Unabhängig recherchiert, nicht vom Hersteller beeinflusst

Bibliografische Information der Deutschen Nationalbibliothek
Die Deutsche Nationalbibliothek verzeichnet diese Publikation in der Deutschen Nationalbibliografie. Detaillierte bibliografische Daten sind im Internet über http://d-nb.de abrufbar.

Für Fragen und Anregungen
info@rivaverlag.de

Wichtige Hinweise
Sämtliche Inhalte dieses Buches wurden – auf Basis von Quellen, die die Autorin und der Verlag für vertrauenswürdig erachten – nach bestem Wissen und Gewissen recherchiert und sorgfältig geprüft. Alle Rezepte in diesem Buch wurden für den Silvercrest® Monsieur Cuisine entwickelt und mit diesem getestet. Wenn Sie den Silvercrest® Monsieur Cuisine édition plus verwenden, beachten Sie bitte, dass dieser eine Füllmenge von 2,2 Liter statt 3 Liter hat. Daher dürfen Sie die Rezepte aus diesem Buch nur mit dem Monsieur Cuisine édition plus nachkochen, wenn die Mengen angepasst werden. Der Verlag und die Autorin haften für keine nachteiligen Auswirkungen, die in einem direkten oder indirekten Zusammenhang mit den Informationen stehen, die in diesem Buch enthalten sind. Silvercrest® und Monsieur Cuisine sind eingetragene Warenzeichen der Lidl Stiftung und Co. KG. Diese Publikation ist kein offizielles Lizenzprodukt der Lidl Stiftung und Co. KG.

Ausschließlich zum Zweck der besseren Lesbarkeit wurde auf eine genderspezifische Schreibweise sowie eine Mehrfachbezeichnung verzichtet. Alle personenbezogenen Bezeichnungen sind somit geschlechtsneutral zu verstehen.

Originalausgabe
1. Auflage 2023

Türkenstraße 89
80799 München
Tel.: 089 651285-0
Fax: 089 652096

Umschlaggestaltung: Sonja Vallant
Umschlagabbildungen: Shutterstock.com: Vorderseite oben: Anna_Pustynnikova, baibaz, Bozena Fulawka, Elena Veselova, Olha Vlasiuk, Tim UR; unten: Kiian Oksana, nelea33, New Africa, Sea Wave, Sergii Koval, Timolina, ; Rückseite oben: natashamam, Sergii Koval; unten: Amawasri Pakdara, Shaiith
Satz: inpunkt[w]o, Haiger (www.inpunktwo.de)
Druck: Florjancic Tisk d.o.o., Slowenien
Printed in the EU

Wir produzieren nachhaltig
www.m-vg.de

ISBN Print 978-3-7423-2383-5
ISBN E-Book (PDF) 978-3-7453-2138-8
ISBN E-Book (EPUB, Mobi) 978-3-7453-2139-5

Inhaltsverzeichnis

Doris Muliar

FAMILIENKÜCHE MIT DEM Monsieur Cuisine

SÜSSES 152

Eiscreme 188

Vorwort

Sie wollen sich und Ihre Familie gesund ernähren? Mit frischen Lebensmitteln, preiswert, aber ohne großen Arbeitsaufwand? Natürlich soll alles lecker sein und vor allem auch der ganzen Familie schmecken. Dafür haben Sie mit Ihrem Monsieur Cuisine, egal welches Modell Sie verwenden, schon mal die besten Voraussetzungen geschaffen.
Füttern Sie Ihren Monsieur mit frischen Zutaten und genießen Sie – in meist weniger als einer halben Stunde Zubereitungszeit – Mahlzeiten voller Vitalstoffe und mit Zutaten, die satt machen.
Natürlich haben Erwachsene und Kinder in den verschiedenen Altersstufen unterschiedliche Bedürfnisse und vor allem auch unterschiedliche Vorstellungen von gutem und gesundem Essen. Deshalb haben wir bei den über 100 Rezepten alles vermieden, was exotisch und unbekannt sein könnte. Wir kochen nur mit Zutaten, die Sie in jedem Supermarkt und auf Märkten finden. Die Rezepte funktionieren wie die gute alte Hausmannskost: Jeder isst sie gerne und jeder wird satt. Das heißt aber nicht, dass die Rezepte langweilig wären. Es gibt Gerichte, die Sie und Ihre Familie vielleicht mal im Urlaub kennengelernt haben oder Bekanntes in neuen Variationen. Und wenn es mal etwas ausgefallener sein soll, können Sie die Gerichte mit zusätzlichen Gewürzen, etwa Zitronengras, Sternanis oder Ingwer, aufpeppen. Dafür finden Sie ab und zu einen Tipp bei den Rezepten.
Besonders kinderfreundlich sind natürlich die süßen Rezepte, die aber dennoch mit eher wenig Haushaltszucker auskommen. Hausgemachte Erdnussbutter oder der Haselnussaufstrich werden sicher ein Frühstückshit! Einiges

aus dem Kapitel Süßes kann auch als Hauptgericht auf den Tisch kommen, wie zum Beispiel der Apfel-Müsli-Kuchen oder die Hefeklöße.
Für Familienmitglieder, die zeitweise nach einer Diät leben, gibt es bei den Rezepten Angaben zu den Makronährstoffen Eiweiß, Fett, Kohlenhydraten und den Ballaststoffen. Mit den Angaben zu den Kilokalorien (kcal) können Sie grob abschätzen, ob Sie ein »schlankes« Gericht vor sich haben oder eines, von dem sie vielleicht etwas weniger zu sich nehmen.
Unsere Rezepte führen Sie auch durch alle vier Jahreszeiten. In der Tabelle (Seite 15) finden Sie die gängigen Lebensmittel und deren Erntezeit. Zwar sind fast alle Obst- und Gemüsesorten das ganze Jahr über erhältlich – jedoch nur die saisonale Ernte aus der Region garantiert bestmögliche Frische und Reife und damit auch die meisten Vitamine und Nährstoffe. Abgesehen davon sind Produkte, die gerade Saison haben und reichlich geerntet werden, besonders preiswert zu bekommen.

Viel Vergnügen bei der Zubereitung und guten Appetit!

Elf Punkte für Ihre Sicherheit

1. Wenn Sie zerkleinern oder pürieren, sollten Sie immer den Messbecher einsetzen. Beim Zerkleinern von Nüssen, Gemüse oder anderen harten Lebensmitteln könnten Teile herausgeschleudert werden.
2. Beim Pürieren von heißen Suppen besteht Verbrennungsgefahr durch Spritzer! Verwenden Sie den Kocheinsatz als Spritzschutz, wenn Sie vier oder mehr Portionen Suppe kochen – auch da kann es spritzen.
3. Bei heißem Mixbehälter-Inhalt (über 60 °C) nicht im Turbo-Modus pürieren und die Drehzahl nur langsam schrittweise ansteigend erhöhen.
4. Warten Sie nach dem Pürieren von Suppen 10 Sekunden vor dem Öffnen des Mixbehälters. Das Mixgut könnte noch in Bewegung sein und herausspritzen. Deckel vorsichtig öffnen, da Dampf entweichen könnte.
5. Beachten Sie die maximale Füllstandsmarkierung im Mixbehälter. Er ist für 3 Liter (Monsieur Cuisine connect und smart) bzw. 2,2 Liter (Monsieur Cuisine édition plus) ausgelegt.
6. Bei Verwendung der Dampfgaraufsätze muss der Dampf zirkulieren können. Lassen Sie daher immer einige Schlitze im Boden frei. Geben Sie genügend Wasser (mindestens 500 ml) für die Dampfentwicklung in den Mixbehälter. Setzen Sie immer den Deckel für Dampfgaraufsätze auf.
7. Beim Öffnen zuerst vorsichtig den Dampf auf der Ihnen abgewandten Seite entweichen lassen, um nicht mit dem heißen Dampf in Berührung zu kommen, was zu Verbrennungen führen könnte. Arbeiten Sie mit Küchenhandschuhen oder Topflappen, denn die Dampfgaraufsätze werden sehr heiß!

8. Der Rühraufsatz zum Schlagen von Eischnee oder Sahne darf nur bis höchstens Stufe 4 verwendet werden. Der Spatel darf bei Benutzung des Rühraufsatzes nicht eingeführt werden.
9. Bitte führen Sie niemals ein anderes Rührwerkzeug als den Spatel in die Deckelöffnung ein. Der Spatel ist so konstruiert, dass er nicht mit den Messern in Berührung kommen kann.
10. Wenn Sie den Mixbehälter zum Reinigen auseinandernehmen, sollten Sie mit dem Messereinsatz besonders vorsichtig umgehen. Die Klingen sind sehr scharf, es besteht Verletzungsgefahr.
11. Wenn Ihr Monsieur Cuisine keinen festen Platz in Ihrer Küche hat, stellen Sie ihn immer auf eine trockene, rutschfeste, ebene Arbeitsfläche. Beim Zerkleinern oder beim Rühren von Teigen könnte das Gerät durch Unwucht in Bewegung geraten. Bleiben Sie bei diesen Arbeitsschritten neben dem Gerät.

Zum Umgang mit diesem Buch

- Alle Rezepte sind für den Monsieur Cuisine von Silvercrest® konzipiert. Wenn Sie ein anderes Modell, zum Beispiel den Monsieur Cuisine édition plus benutzen, beachten Sie bitte die geringere Füllmenge.
- Die Mengenangaben für das Gemüse beziehen sich auf unvorbereitete Ware.
- Bei Milch und Joghurt wird jeweils von 3,5 % Fettgehalt ausgegangen, bei Frischkäse und Quark von 20 % Fettgehalt.
- Mit Zwiebel ist eine mittelgroße Zwiebel (ca. 100 g) gemeint. Ansonsten ist angegeben: große (ca. 150 g) oder kleine Zwiebel (ca. 75 g).
- 1 Lauchzwiebel wiegt ca. 25 g. 4 Stängel können durch 1 kleine Zwiebel ersetzt werden.
- 1 Stängel frische Petersilie wird mit 10 g berechnet und entspricht 1 EL TK-Petersilie.
- Fast alle Rezepte sind für 4 Portionen konzipiert. (Ausnahmen: Kuchen, Torten und Sorbets)
- Bei jedem Rezept finden Sie ausführliche Nährwertangaben. Kcal steht für Kilokalorien, E für Eiweiß, F für Fett und KH für Kohlenhydrate. Zusätzlich informiert Sie Bal über die enthaltenen Ballaststoffe, die für die Darmgesundheit eine große Rolle spielen.

Alle Nährwerte sind mit dem Rezeptrechner PRO by Choose your Level *TM (www.rezeptrechner.de) berechnet.

Tipps zum günstigen Kochen

Saisonkalender

Immer wieder heißt es, frisches Obst und Gemüse sei zu teuer für den schmalen Geldbeutel. Stimmt nicht! Wer sich an den Saisonkalender hält, kann sich im Frühjahr auch grünen Spargel leisten, im Sommer frische Tomaten oder Zucchini, die aus regionalem Anbau stammen. Vieles wird das ganze Jahr günstig oder als Sonderangebot verkauft: Möhren, Äpfel, Lauch, Champignons oder Kartoffeln.

Im Kalender auf der nächsten Seite sehen Sie, wann die in unseren Rezepten verwendeten Gemüse, Pilze und Obstsorten frisch geerntet werden – anhand des grünen Balkens. Gelb bedeutet, dass heimische Ware aus Lagerbeständen angeboten wird. Ausnahmen sind Champignons, Austernpilze und Kresse, die aus Züchtungen immer vorhanden sind. Granatapfel, eher ein Exot, wird zwar das ganze Jahr über verkauft, wird in Spanien und der Türkei aber nur von September bis Dezember geerntet. Sie finden den Super-Vitaminträger dann oft als Sonderangebot.

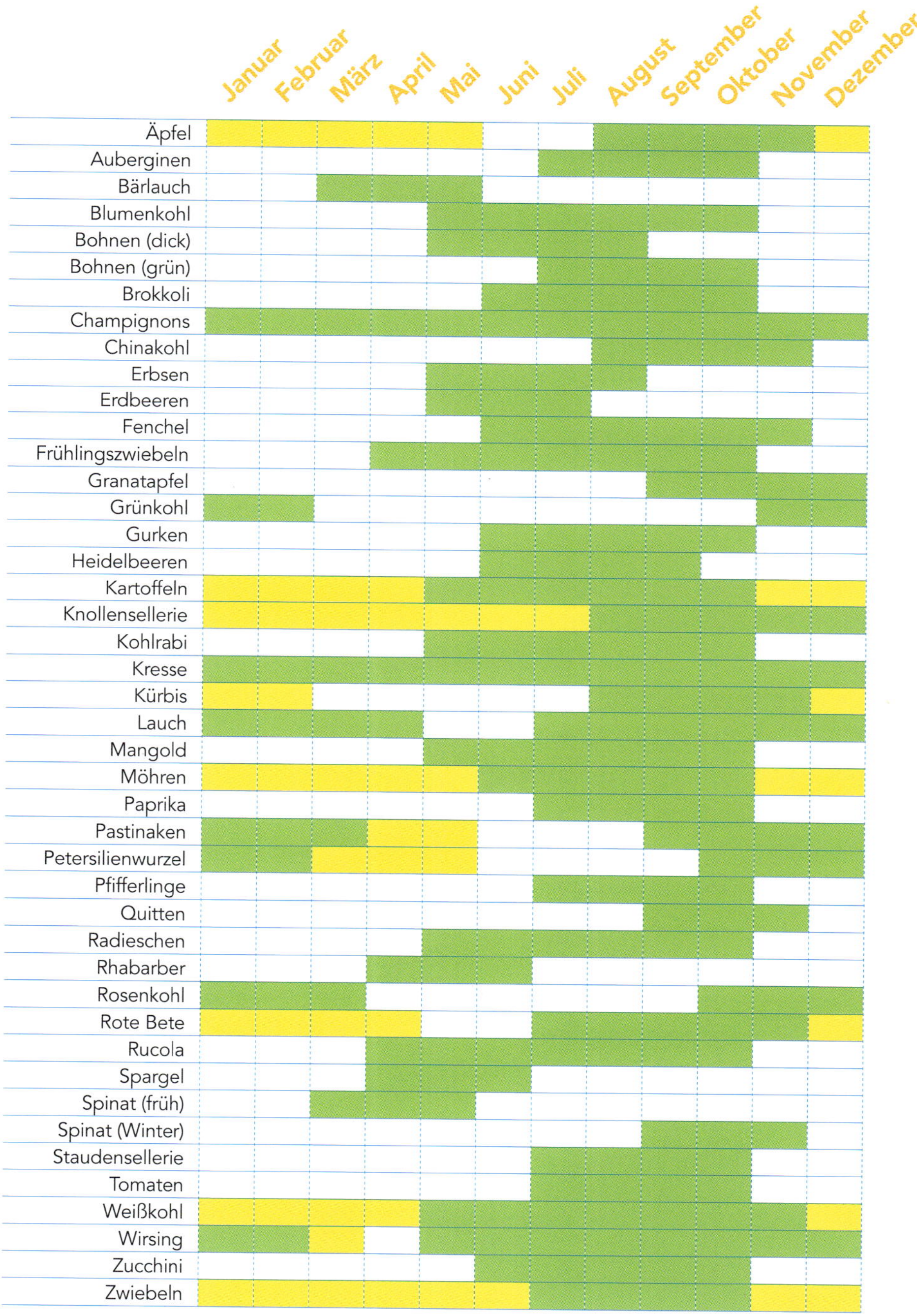
Januar
Februar
März
April
Mai
Juni
Juli
August
September
Oktober
November
Dezember
Äpfel
Auberginen
Bärlauch
Blumenkohl
Bohnen (dick)
Bohnen (grün)
Brokkoli
Champignons
Chinakohl
Erbsen
Erdbeeren
Fenchel
Frühlingszwiebeln
Granatapfel
Grünkohl
Gurken
Heidelbeeren
Kartoffeln
Knollensellerie
Kohlrabi
Kresse
Kürbis
Lauch
Mangold
Möhren
Paprika
Pastinaken
Petersilienwurzel
Pfifferlinge
Quitten
Radieschen
Rhabarber
Rosenkohl
Rote Bete
Rucola
Spargel
Spinat (früh)
Spinat (Winter)
Staudensellerie
Tomaten
Weißkohl
Wirsing
Zucchini
Zwiebeln

Infos zu den Rezepten

Im Kapitel **Frühstück** (ab Seite 18) finden Sie Rezepte für Müsli und Porridge, die Sie bei Bedarf auch auf Vorrat zubereiten und im Kühlschrank aufbewahren können. Für alle, die es eilig haben, gibt es vitaminreiche Smoothies, die auch zum Mitnehmen als Pausengetränk geeignet sind. Richtig nahrhaft für einen kraftvollen Start in den Tag sind unsere Eiergerichte. Hier sehen Sie auch, wie Sie weich oder hart gekochte Eier in Ihrem Monsieur Cuisine kochen können. Oder auch wie Omeletts im Dampfgaraufsatz langsam stocken, während Sie sich anderen Frühstücksvorbereitungen widmen.

Kleine Gerichte zum Mitnehmen oder für Picknick und Buffet finden Sie ab Seite 46. Pancakes, Muffins oder Salate passen gut in eine Lunch- oder Pausenbox. Suppen lassen sich am Vorabend zubereiten und können am Arbeitsplatz oder auch fürs Mittagessen zu Hause schnell aufgewärmt werden.

Hauptgerichte mit Gemüse gibt es ab Seite 80: »Reis« aus Blumenkohl, Auflauf, Curry und natürlich Eintöpfe können Sie mittags oder abends mit der ganzen Familie genießen. Wie Sie ein perfektes Risotto im Monsieur Cuisine zubereiten, steht auf Seite 148.

Hauptgerichte mit Geflügel und Fleisch (ab Seite 114) und **Hauptgerichte mit Fisch** (ab Seite 135) werden meist mithilfe der Dampfgaraufsätze zubereitet. Im Mixbehälter darunter kocht derweil die Beilage – so nutzen Sie Ihren Monsieur Cuisine perfekt.

Das Kapitel **Süßes** (ab Seite 152) beginnt mit allerlei Kuchenrezepten darunter auch solche, die statt im Backofen im Dampfgaraufsatz »gebacken« werden. Sie finden eine Anleitung für selbst gemachtes Puddingpulver.

Für heiße Tage haben wir Eiskaltes für Sie ausprobiert. Unter **Eiscreme** ab Seite 188 finden Sie verschiedene Möglichkeiten, in Ihrem Monsieur Cuisine ganz ohne Eismaschine Gefrorenes zu machen.

Rezepte

FRÜHSTÜCK

Einfaches Müsli-Grundrezept

Fertige Müslis enthalten leider oft viel Zucker, häufig auch Fett aus Palmöl, Getreide aus fragwürdigem Anbau und Zusatzstoffe. So ist das eigentlich gesunde Frühstück in die Kritik geraten. Mit Bio- und Nussmüslis sind Sie da schon auf der sicheren Seite. Wenn Sie aber genau wissen wollen, was in Ihrem Müsli steckt, können Sie es einfach selbst mischen und in luftdicht verschließbaren Gläsern aufbewahren.

Für ca. 40 Portionen • Pro Portion (1 EL): 86 kcal, 2,5 g E, 2,7 g F, 12,5 g KH, 0,9 Bal

250 g Honig
500 g grobe Haferflocken
150 g Sonnenblumenkerne

1. Den Backofen auf 150 °C (Umluft 130 °C) vorheizen. Den Honig in den Mixbehälter geben und **3 Minuten/ 75 °C/Stufe 1** flüssig werden lassen.
2. Die übrigen Zutaten dazugeben und **2 Minuten/70 °C/Stufe 2/Linkslauf** vermischen.
3. Ein Backblech mit Backpapier auslegen und die Masse darauf verstreichen. Ca. 30 Minuten im Ofen knusprig rösten, dabei öfter durchrühren. Müsli vollständig auskühlen lassen und in saubere Schraubgläser füllen.

Tipp: Ein leckeres Schokoladenmüsli erhalten Sie, wenn Sie 100 g des Honigs durch 100 g Zartbitterschokolade und 1 EL Rohkakao ersetzen.

Müsli mit Leinsamenschrot

Für ca. 40 Portionen • Pro Portion (2 EL): 88 kcal, 2,7 g E, 4,6 g F, 7,9 g KH, 2,4 g Bal

200 g ganze, ungeschälte Mandeln
100 g Honig
100 g grobe Hafer-, Hirse- oder Kastanienflocken
100 g Haferkleie
200 g geschrotete Leinsamen
100 g Rosinen oder andere Trockenfrüchte (nach Belieben)

1. Den Backofen auf 150 °C Ober-/Unterhitze (Umluft 130 °C) vorheizen.
2. Die Mandeln in den Mixbehälter geben und **5 Sekunden/Stufe 5** zerkleinern. In eine Schüssel umfüllen. Den Honig in den Mixbehälter geben und **3 Minuten/75 °C/Stufe 1** flüssig werden lassen.
3. Die Mandeln und alle restlichen Zutaten dazugeben und **2 Minuten/70 °C/Stufe 2/Linkslauf** vermischen.
4. Ein Backblech mit Backpapier auslegen und die Masse darauf verstreichen. Mischung ca. 30 Minuten im Ofen knusprig rösten, dabei öfter durchrühren.
5. Müsli vollständig auskühlen lassen und in sauberen, trockenen Schraub- oder Bügelgläsern aufbewahren.

Tipp: Nach Belieben können Sie Ihr Müsli auch würzen, zum Beispiel mit 1–2 TL gemahlenem Zimt, 1 TL Vanille-Extrakt oder Lebkuchengewürz in der Weihnachtszeit. Eine feine Variante bekommen Sie, wenn Sie ca. die Hälfte des Honigs durch 75 g dunkle Schokolade (mindestens 75 % Kakaoanteil) ersetzen.

Porridge mit Beeren

Für 4 Portionen • Pro Portion: 240 kcal, 6,7 g E, 15,4 g F, 17,7 g KH, 6,9 Bal

700 ml ungesüßter Mandeldrink oder Milch
100 g gemahlene Mandeln
20 g helle Chia-Samen
150 g Erdbeeren
75 g Heidelbeeren
1 Stängel frische Minze (nach Belieben)

1. Mandeldrink oder Milch in den Mixbehälter geben, Messbecher oder Kocheinsatz einsetzen (der Mandeldrink kann schäumen) und Flüssigkeit in **7 Minuten/100 °C/Stufe 1** zum Kochen bringen.
2. **30 Sekunden/Stufe 2** am Gerät einstellen und die Mandeln und Chia-Samen löffelweise durch die Deckelöffnung einrühren. Alles bei ausgeschaltetem Gerät 10 Minuten quellen und dabei etwas abkühlen lassen.
3. In der Zwischenzeit die Beeren waschen, verlesen, entstielen und klein schneiden. Die Minze waschen, gut trocken schütteln und die Blätter vom Stängel zupfen.
4. Den Mandelporridge auf 4 tiefe Teller verteilen, das Beerenobst obenauf geben und mit den Minzeblättern garniert servieren.

Tipp: Natürlich können Sie auch jedes andere Obst verwenden und das Ganze auch gerne mit gehackten Nüssen oder Trockenfrüchten bestreuen.

Birnen-Porridge

Für 4 Portionen • Pro Portion: 353 kcal, 16,0 g E, 11,9 g F, 42,9 g KH, 4,8 g Bal

750 ml Milch
1 Prise Salz
140 g Haferflocken
400 g Birnen
200 g Quark
½ TL gemahlener Zimt
etwas Honig (nach Belieben)

1. Die Milch mit dem Salz in den Mixbehälter geben und in **7 Minuten/100 °C/Stufe 2** aufkochen lassen.
2. Die Haferflocken dazugeben und alles **5 Minuten/90 °C/Stufe 2/Linkslauf** köcheln lassen.
3. In der Zwischenzeit die Birnen heiß waschen, vierteln und die Kerngehäuse entfernen. Einen Teil in Spalten schneiden, den Rest würfeln.
4. Quark und Birnenwürfel in das Mixbehältnis geben und **15 Sekunden/Stufe 3/Linkslauf** mit dem Porridge vermischen.
5. Porridge auf 4 kleine Schüsseln verteilen, die restlichen Birnen obenauf geben und mit Zimt bestreuen. Nach Belieben mit etwas Honig beträufeln.

Hirse-Porridge mit Nüssen und Schokolade

Für 4 Portionen • Pro Portion: 385 kcal, 10,7 g E, 18,8 g F, 41,1 g KH, 4,4 Bal

100 g rohe Goldhirse
1 Vanilleschote
350 ml Milch
1 Prise Salz
60 g Zartbitterschokolade
60 g ganze, ungeschälte Haselnüsse
75 g Kirschen (oder Beerenobst nach Belieben)
100 g Naturjoghurt
1–2 EL Holunderblütensirup

1. Die Hirse in ein Sieb geben und heiß abbrausen. Die Vanilleschote längs aufschlitzen und das Mark herauskratzen. Vanillemark und -schote mit Milch und Salz in den Mixbehälter gebenn und **10 Minuten/ 100 °C/Stufe 2/Linkslauf** kochen. Das Gerät ausschalten und Hirse weitere 10 Minuten quellen lassen.
2. In der Zwischenzeit die Schokolade mit einem scharfen Messer in Flocken schneiden. Die Haselnüsse grob hacken. Die Kirschen waschen, entstielen und entsteinen.
3. Die Vanilleschote aus dem Topf entfernen, Joghurt zur Hirse geben und **10 Sekunden/Stufe 2/Linkslauf** untermischen. Porridge mit Sirup abschmecken.
4. Auf 4 tiefe Teller verteilen und mit Schokolade, Nüssen und Kirschen bestreut servieren.

Tipp: Hirse können Sie gut vorkochen und portionsweise im Kühlschrank aufbewahren oder einfrieren. Das Power-Getreide enthält viel Eisen und andere Mineralstoffe. Zudem gibt's in den Körnchen viel Eiweiß – nicht nur für Vegetarier und Veganer, sondern auch für die Sportler in der Familie.

Schokobowl mit Früchten

Für 4 Portionen • Pro Portion: 305 kcal, 7,4 g E, 7,0 g F, 49,1 g KH, 7,5 Bal

150 g Buchweizen
800 ml ungesüßter Mandel- oder Kokosdrink
1 Prise Salz
30 g Kakaopulver (Rohkostqualität)
2 Bananen (ca. 300 g geschält)
30 g Trockenfrüchte (z. B. Goji-Beeren und Soft-Pflaumen)
20 g Kokoschips

1. 100 g Buchweizen in den Mixbehälter geben, mit dem Messbecher verschließen und **7 Sekunden/Stufe 9** zerkleinern.
2. Den Mandeldrink mit dem restlichen Buchweizen, Salz und dem Kakaopulver dazugeben und in **8–9 Minuten/Stufe 1/Linkslauf** zum Kochen bringen. Anschließend **8 Minuten/60 °C/Stufe 1/Linkslauf** quellen lassen.
3. Die Bananen schälen, einige Scheiben zur Seite legen und den Rest grob zerschneiden. Zum Kakao geben, Messbecher einsetzen und **15 Sekunden/Stufe 4** unterrühren.
4. Schoko-Bananen-Mischung auf 4 große Tassen verteilen und mit Trockenfrüchten, Kokosflocken und den Bananenscheiben belegt servieren.

Tipp: Statt der gemischten Trockenfrüchte können Sie auch einfach Rosinen oder Korinthen auf die Bowl geben.

Buchweizen-Porridge mit Sonnenblumenkernen

Für 4 Portionen • Pro Portion: 353 kcal, 9,8 g E, 12,5 g F, 48,6 g KH, 3,3 g Bal

100 g Buchweizen
450 ml Milch oder ungesüßter Mandeldrink
1 Prise Salz
1 EL Honig
60 g Sonnenblumenkerne
50 g getrocknete Cranberrys
1–2 Bananen (ca. 200 g geschält)

1. Buchweizen in ein Sieb geben, heiß abbrausen und mit Milch und Salz in den Mixbehälter geben. Mit dem Messbecher verschließen und in **9 Minuten/Stufe 1/Linkslauf** zum Kochen bringen. Anschließend bei abgeschaltetem Gerät 10 Minuten zugedeckt quellen lassen.
2. Honig, Sonnenblumenkerne und Cranberrys **15 Sekunden/Stufe 3/Linkslauf** untermischen und Porridge auf 4 Schüssel verteilen.
3. Die Banane schälen, in Scheiben schneiden und auf dem Buchweizen anrichten. Mit den Cranberrys bestreut servieren.

Tipp: Verschließen Sie den Mixbehälter unbedingt mit dem Messbecher, denn Buchweizen schäumt beim Kochen und läuft dann leicht über. Buchweizen quillt nach dem Kochen bis zum Abkühlen noch weiter. Er braucht dann – wenn Sie zum Beispiel einige Portionen vorgekocht haben – vor der Zubereitung eventuell noch etwas Flüssigkeit, da der Brei recht fest wird.

Info: Buchweizen ist nicht – wie der Name vermuten ließe – ein Getreide, sondern mit dem Knöterich verwandt. Er ist aber nährstoffreicher als die üblichen Getreidesorten: Mit allen 8 essenziellen Aminosäuren ist Buchweizen für Vegetarier und Veganer ein Eiweißlieferant par excellence.
Er schmeckt auch roh geknabbert recht gut. Wenn Sie wollen, können Sie die Körnchen zuvor ca. 3 Minuten in einer beschichteten Pfanne ohne Fett anrösten. Aber Achtung! Auch beim Rösten den Deckel nicht vergessen, sonst hüpfen die Körnchen durch die ganze Küche. Pfanne während des Röstens öfter schwenken, damit nichts anbrennt.

Grapefruit-Smoothie mit Banane und Minze

Für 4 Portionen • Pro Portion: 167 kcal, 2,7 g E, 0,8 g F, 36,1 g KH, 4,1 Bal

2 pinke Grapefruits
1 Limette
1 Banane (ca. 150 g geschält)
1 Stück Ingwer (walnussgroß) (nach Belieben)
3 Stängel frische Minze
2 entsteinte Datteln
200–300 ml stilles Mineralwasser

1. Die Grapefruits schälen, möglichst viel von der weißen Haut entfernen. In Spalten teilen und die Kerne herauspulen. (Einfacher ist es, die Früchte auszupressen – es wäre aber schade um die Ballaststoffe.)
2. Die Limette auspressen, die Banane schälen und grob zerschneiden. Ingwer – nach Belieben – schälen und klein schneiden. Die Minze waschen, trocken schütteln, 2 Stängel zum Garnieren aufbewahren, vom anderen die Blätter abzupfen.
3. Grapefruit, Limettensaft, Banane, Minzeblätter und Datteln in den Mixbehälter geben und mit eingesetztem Messbecher **40 Sekunden/Stufe 9** pürieren.
4. Smoothie nach Belieben mit Mineralwasser verdünnen, auf 4 Gläser verteilen und mit der restlichen Minze garniert servieren.

Trauben-Smoothie mit Vanille

Für 4 Portionen • Pro Portion: 149 kcal, 1,6g E, 10,7g F, 34,0g KH, 3,0g Bal

400g dunkle Trauben
1 Limette
1 Vanilleschote
stilles Wasser und Eiswürfel (nach Belieben)

1. Die Trauben waschen, von den Stielen zupfen und halbieren. Die Limette auspressen. Die Vanilleschote längs aufschlitzen und das Mark mit einem Messer herauskratzen.
2. Trauben, Limettensaft und Vanillemark in den Mixbehälter geben und mit eingesetztem Messbecher in **1 Minute/Stufe 9** cremig mixen. Nach Belieben mit Wasser verdünnen und mit Eiswürfeln noch mal **5–10 Sekunden/Turbo-Taste** aufmixen.

Info: Trauben versorgen Sie und Ihre Familie mit einer geballten Ladung Resveratrol, das sich hauptsächlich in den Schalen und Kernen befindet. Also bitte alles mitmixen! Resveratrol ist der dunkle Pflanzenfarbstoff in den Trauben. Gut für Herz und Gehirn und – Mamas aufgepasst – mit Anti-Aging-Wirkung.

Tipp: Wenn Sie Lavendel auf dem Balkon oder im Garten haben: 1 frische Blüte fein zerbröseln und mitmixen – das gibt ein tolles Aroma und entspannt!

Feigen-Mandel-Smoothie

Für 4 Portionen • Pro Portion: 172 kcal, 3,0 g E, 5,8 g F, 25,1 g KH, 3,3 g Bal

4 reife Feigen (à ca. 70 g)
40 g gemahlene Mandeln (oder Haselnüsse)
1–2 TL Crema di Balsamico
700 ml ungesüßter Mandeldrink oder Milch
stilles Mineralwasser (nach Belieben)

1. Die Feigen behutsam waschen, die Stielansätze entfernen und die Früchte mit der Schale vierteln.
2. Feigen, Mandeln, 1 TL Crema di Balsamico und Mandeldrink in den Mixbehälter geben geben und in **1 Minute/Stufe 8** zu einem cremigen Drink pürieren.
3. Nach Belieben noch Crema di Balsamico zugeben und mit Mineralwasser verdünnen.

Info: Frische, reife Feigen, die es ab August auch bei uns gibt, enthalten viel Vitamin B und sorgen damit für gute Laune. Die getrockneten Feigen sind zwar auch sehr gesund, besonders durch ihren hohen Gehalt an Magnesium sowie Kalium, und können in ihrer Soft-Variante für den Drink verwendet werden – nutzen Sie aber dennoch die Zeit, wenn frische Früchte aus dem Mittelmeerraum auf dem Markt sind. Kaufen Sie die empfindlichen Früchte nur, wenn Sie sie gleich verarbeiten oder einfach mal nur naschen möchten, denn leider verderben sie sehr schnell.

Birnenmilch mit Zitrone

Für 4 Portionen • Pro Portion: 112 kcal, 5,5 g E, 1,1 g F, 18,5 g KH, 2,9 g Bal

400 g reife Birnen
1 Stück frischer Ingwer (walnussgroß)
1–2 TL Zitronensaft
1 Prise gemahlene Kurkuma
1 Prise schwarzer Pfeffer
600 ml Buttermilch (oder ungesüßter Mandeldrink)
etwas Honig (nach Belieben)
stilles Mineralwasser (nach Belieben)

1. Die Birnen schälen, vierteln, die Kerngehäuse entfernen und das Fruchtfleisch klein schneiden. Den Ingwer schälen und grob zerschneiden.
2. Birne, Ingwer, 1 TL Zitronensaft, Kurkuma, Pfeffer und Buttermilch in den Mixbehälter geben und in **1 Minute/Stufe 8** zu einem cremigen Drink pürieren.
3. Abschmecken und nach Belieben noch mehr Zitronensaft dazugeben oder mit etwas Honig süßen. Nach Belieben mit Mineralwasser verdünnen.

Tipp: Gut verschlossen können Sie Reste der Birnenmilch einen Tag im Kühlschrank aufbewahren. Die Zitrone sorgt für Haltbarkeit.

Beeren-Smoothie mit Banane

Für 4 Portionen • Pro Portion: 210 kcal, 7,6 g E, 11,9 g F, 16,6 g KH, 4,8 g Bal

250 g Heidelbeeren (oder andere Beeren)
1 kleine Banane (ca. 100 g geschält)
40 g gemahlene Mandeln
600 ml Milch oder ungesüßter Mandeldrink
2 TL Chiasamen (nach Belieben)

1. Beeren behutsam waschen und verlesen. Banane schälen und grob zerschneiden.
2. Obst, Mandeln und Milch in den Mixbehälter geben und **40 Sekunden/ Stufe 8** zu einem cremigen Drink mixen.
3. In 4 Gläser füllen, nach Belieben Chiasamen einrühren und servieren.

Info: Chiasamen sind – wie alle anderen Samen auch – Wunderperlen für Ihren Stoffwechsel! Die unscheinbaren dunklen oder hellen Kügelchen galten schon bei den Maya als Heilmittel. Das Superfood enthält hochwertige Proteine und wertvolle Omega-3-Fettsäuren, außerdem viel Kalzium, Eisen, Zink, Magnesium und Selen. Die Samen passen gut über einen Salat, in Puddings oder Nuss-Müslis. Viel Wasser dazu trinken, dann quellen sie im Magen-Darm-Trakt und machen lange satt.
Falls Sie mal Marmelade machen möchten: In Flüssigkeit quellen Chiasamen zu einer Art Gelee auf und sind so eine gesunde Alternative zu Gelierzucker.

Erdnussbutter

Für ca. 40 Portionen • Pro Portion (1 TL): 42 kcal, 1,6 g E, 3,5 g F, 0 g KH, 0,7 g Bal

250 g ungesalzene Erdnüsse
15 g Honig
1 EL Erdnussöl
Salz

1. Erdnüsse in den Mixbehälter geben und mit eingesetztem Messbecher **25 Sekunden/Stufe 10** zerkleinern. Mit dem Spatel nach unten schieben.
2. Honig, Erdnussöl und Salz (nach Geschmack) dazugeben und **30 Sekunden/Stufe 7** cremig rühren. Creme in ein heiß ausgespültes Schraubglas (ca. 250 ml Inhalt) füllen, gut verschließen und im Kühlschrank aufbewahren. Hält sich ca. 2 Monate.

Tipp:

Wer es pur mag und auf Zucker verzichten möchte, kann den Honig weglassen.

Intensiver wird das Aroma, wenn Sie die Erdnüsse vor dem Mahlen in einer beschichteten Pfanne ohne Fett rösten.

Etwas bissfester wird die Erdnussbutter, wenn Sie 50 g der Erdnüsse erst **7 Sekunden/Stufe 6** zerkleinern, beiseite stellen und nach dem Cremigrühren der Masse **10 Sekunden/Stufe 3/Linkslauf** untermischen.

Anstelle von Honig geben auch Birnen- oder Ahornsirup ein feines Aroma.

Die Erdnussbutter kann auch gut mit der Schokoladen-Haselnuss-Creme (Seite 32) vermischt werden. Die Cremes einfach abwechselnd in die Gläser schichten.

Schokoladen-Haselnuss-Creme

Für ca. 40 Portionen • Pro Portion (1 TL): 60 kcal, 1,6 g E, 4,1 g F, 3,4 g KH, 1,5 g Bal

50 g Rohrzucker
150 g ganze Haselnüsse mit Haut
100 g Zartbitterschokolade
2 EL Rapsöl oder Haselnussöl
1 ½ EL Kakaopulver (Rohkostqualität)
1 TL Vanilleextrakt oder das Mark von 1 Schote

1. Zucker in den Mixbehälter geben und mit eingesetztem Messbecher **25 Sekunden/Stufe 10** zu Puderzucker mahlen. In eine Schüssel umfüllen.
2. Die Haselnüsse in den Mixbehälter geben und **30 Sekunden/Stufe 10** fein mahlen (Messbecher einsetzen!). Mit dem Spatel nach unten schieben und **20–30 Minuten/Stufe 4** rühren, bis eine cremige Nussmasse entstanden ist. Zwischendurch mit dem Spatel nach unten schieben und etwas abkühlen lassen. Masse in eine Schüssel umfüllen. Den Mixtopf nicht säubern.
3. Die Schokolade grob zerschneiden, in den Mixbehälter geben und **5 Sekunden/Stufe 5** zerkleinern. Das Öl dazugeben und Schokolade **3 Minuten/60 °C/Stufe 1** schmelzen lassen.
4. Kakaopulver, Vanilleextrakt, Puderzucker und die Nussmasse dazugeben und alles **15 Sekunden/Stufe 4** verrühren.
5. Creme noch warm in ein heiß ausgespültes Schraubglas (ca. 250 ml Inhalt) füllen und dieses verschließen. Abkühlen lassen und zum Aufbewahren in den Kühlschrank geben. Hält 2–3 Monate.

Info: Es lohnt sich, beim Kauf von Kakaopulver (Rohkakao) auf Qualität zu achten. Schwach entölter Bio- oder Edelkakao ist schon eine gute Wahl. Stark entölte Sorten enthalten nur noch ca. 10 % Kakaobutter, das macht sich durch ein schwächeres Aroma bemerkbar. Zur Zubereitung von Instantgetränken wird Kakaopulver meist mit Zucker und anderen Aromen, zum Beispiel Karamell, vermischt. Diese Mischungen eignen sich schon wegen ihrer helleren Färbung weniger zur Herstellung leckerer Cremes und Aufstriche.

Zwetschgenmus

Für ca. 40 Portionen • Pro Portion (1 EL): 27 kcal, 0,2 g E, 0,1 g F, 6,1 g KH, 0,6 g Bal

1 kg reife Zwetschgen
1 Vanilleschote
150 g Rohrzucker
½ Pck. Zitronensäure oder 2 EL Zitronensaft
½–1 TL gemahlener Zimt

1. Die Zwetschgen waschen, entsteinen und in den Mixbehälter geben. Den Messbecher einsetzen und Früchte **8 Sekunden/Stufe 5** zerkleinern. Die Vanilleschote längs aufschlitzen, das Mark herauskratzen und zu den Zwetschgen geben.
2. Die übrigen Zutaten dazugeben und das Ganze **35 Minuten/100 °C/Stufe 1** einkochen lassen. Kocheinsatz als Spritzschutz aufsetzen! Je nach gewünschter Konsistenz die Kochzeit um 5–10 Minuten verlängern.
3. Zwetschgen mit eingesetztem Messbecher **15 Sekunden/Stufe 8** pürieren und heiß in vorbereitete Schraubgläser (4 Gläser à 200 ml Inhalt) füllen. Fest verschließen und kopfüber auskühlen lassen.

Tipp: 1 EL Kakaopulver oder 50 g Zartbitterschokolade geben zusätzliches Aroma. Wenn keine Kinder mitessen, können Sie auch etwas Rum oder Grand Marnier am Ende der Kochzeit unterrühren.

Lemon Curd

ca. 20 Portionen • Pro Portion (1 EL): 73 kcal, 1,2 g E, 4,0 g F, 8,1 g KH, 0,1 g Bal

2 Bio-Zitronen
150 g Zucker
75 g Butter
3 Eier, Größe M

1. Die Zitronen heiß waschen und die Schale fein abraspeln. Die Früchte auspressen. (Das soll ca. 80 ml Saft ergeben.)
2. Zucker mit Zitronenabrieb in den Mixbehälter füllen und mit eingesetztem Messbecher **20 Sekunden/Stufe 10** zu Puderzucker mahlen.
3. Den Rühraufsatz einsetzen, Zitronensaft sowie die Butter in Stückchen dazugeben und **5 Minuten/50 °C/Stufe 3** schmelzen und schaumig rühren.
4. Die Eier in einer Schüssel verquirlen, zur Zitronenmasse geben und weitere **10–15 Minuten/90 °C/Stufe 2** rühren, bis eine dickliche Masse entstanden ist.
5. Heiß in die vorbereiteten Schraubgläser (2 Gläser à 200 ml Inhalt) füllen, verschließen und kopfüber abkühlen lassen. Hält sich im Kühlschrank 4–5 Wochen.

Info: Die englische Zitronencreme wird klassisch als Brotaufstrich verwendet. Sie eignet sich auch als Creme unter Obsttartelettes und überall dort, wo Buttercreme im Spiel ist.

Kalt gerührte Erdbeermarmelade

Für ca. 30 Portionen • Pro Portion (2 EL): 23 kcal, 0,8 g E, 0,1 g F, 4,5 g KH, 0,3 g Bal

500 g Erdbeeren
1 Stück Ingwer (haselnussgroß)
1 Zweig frische Minze
100 g Zucker
etwas schwarzer Pfeffer aus der Mühle
1 Pck. Gelfix extra (25 g)

1. Die Erdbeeren waschen, gut abtropfen lassen und entstielen. Den Ingwer schälen und halbieren. Die Minze waschen, trocken schütteln und die Blätter vom Stiel zupfen.
2. Alle Zutaten in den Mixbehälter geben und mit eingesetztem Messbecher **2 Minuten/Stufe 8** pürieren. Die pürierten Erdbeeren vom Deckel und der Topfwand mit dem Spatel zum übrigen Püree geben.
3. Fruchtmasse offen **35 Minuten/Stufe 1** rühren. In der Zwischenzeit 2 Gläser (à 250 ml) mit Schraubverschluss heiß ausspülen.
4. Die Marmelade einfüllen, Gläser verschließen und im Kühlschrank 24 Stunden ruhen lassen.

Eier kochen

Ihr Monsieur Cuisine, egal, welches Modell, ersetzt den Eierkocher, den Sie wahrscheinlich nur selten gebrauchen und der Ihnen Platz in der Küche wegnimmt.
Bis zu 20 zimmerwarme Eier (Größe M) anpieksen, in den Kocheinsatz oder in den tiefen Dampfgaraufsatz geben und diesen einhängen bzw. aufsetzen. 500 ml kaltes Wasser in den Mixbehälter geben und für hart gekochte Eier **14 Minuten/120 °C/ Stufe 1** garen. Dann Kocheinsatz mit dem Spatel herausnehmen und die Eier unter fließendem kalten Wasser abschrecken.

Garzeiten für Eier:

Weiches Ei: 9 Minuten
Halbweiches (wachsweiches Dotter) Ei: 11 Minuten
Hart gekochtes Ei: 14 Minuten

Hüttenkäse-Auflauf mit Heidelbeeren

Für 4 Portionen • Pro Portion: 218 kcal, 231,5 g E, 11,0 g F, 7,6 g KH, 2,5 g Bal

200 g Heidelbeeren
300 g Hüttenkäse oder körniger Frischkäse
250 g Quark
3 Eier, Größe M
1 Prise Salz
etwas Fett für die Form

1. Den Backofen auf 180 °C Ober-/Unterhitze (Umluft 160 °C) vorheizen.
2. Heidelbeeren waschen, verlesen und gut abtropfen lassen.
3. Hüttenkäse, Quark, Eier und Salz in den Mixbehälter geben und **10 Sekunden/Stufe 4** verrühren.
4. Eine Springform (Ø ca. 24 cm) dünn einfetten und die Masse darin verstreichen. Die Heidelbeeren darauf verteilen und leicht in den Teig drücken.
5. Auflauf 25–30 Minuten im Ofen backen, bis die Masse fest und goldgelb ist. Etwas abkühlen lassen, aus der Form nehmen und auf Teller verteilen.

Tipp: Der kohlenhydratarme, aber eiweißreiche Auflauf schmeckt auch kalt sehr gut. Dann kann er auch in einer Box als Pausenbrot oder Lunch mitgenommen werden. Sie können je nach Saison und Gusto anderes Obst, zum Beispiel Granatapfelkerne oder Orangenspalten, verwenden.

Fluffige Pancakes

Für 12 Stück • Pro Stück: 77 kcal, 5,3 g E, 4,2 g F, 4,4 g KH, 0,2 g Bal

250 g Quark
4 Eier, Größe M
50 g Mehl (Type 405 oder 550)
1 Pck. Backpulver
6 TL Butter

1. Den Backofen auf 80 °C Ober-/Unterhitze (Umluft 60 °C) vorheizen.
2. Quark, Eier, Mehl und Backpulver in den Mixbehälter geben und **20 Sekunden/ Stufe 4** mit eingesetztem Messbecher verrühren, dann den Teig in eine Schüssel umfüllen.
3. Jeweils ½ TL Butter in einer kleinen Pfanne (Ø ca. 11 cm) schmelzen, 1 kleine Kelle Teig hineingeben und bei sehr milder Hitze stocken lassen, bis sich an der Oberfläche Löcher zeigen.
4. Pancake behutsam wenden (am besten geht das mit einem Silikon-Pfannenwender) und kurz fertig backen. Auf einen Teller geben und im Backofen warm halten, bis alle 12 Pancakes gebacken sind.

Tipp: Die fluffigen Pancakes schmecken gut mit geräuchertem Lachs und Schmand, aber auch mit frischem Beerenobst. Sie können sie auch kalt in einer Box als Pausenbrot oder zum Lunch mitnehmen.

Griessbrei mit Kirschkonfitüre

Für 4 Portionen • Pro Portion: 130 kcal, 4,5 g E, 4,2 g F, 18,1 g KH, 1,1 g Bal

400 ml Milch
1 Vanilleschote oder 1 TL Vanillepaste
50 g Weizengrieß (am besten Weichweizengrieß)
2 EL Kirschkonfitüre oder eine andere Sorte, z. B. Aprikose

1. Die Milch in den Mixbehälter geben. Die Vanilleschote längs aufschlitzen und das Mark mit einem Messerrücken herausschaben. Zur Milch geben und in **6–10 Minuten/100 °C/ Stufe 1** zum Kochen bringen.
2. Wenn die Milch kocht, die Geschwindigkeit auf **Stufe 2** erhöhen und den Grieß nach und nach durch die Deckelöffnung einrieseln lassen. So lange kochen, bis ein cremiger Brei entstanden ist. Diesen gleich in Gläser füllen, auskühlen lassen und die Marmelade obenauf geben.

Tipp: Grießbrei ist nicht nur etwas für Kinder. Auch Eltern erinnert er an ihre Kindheit. Bereiten Sie gleich die doppelte Menge zu, dann haben Sie einen kleinen Frühstücks- oder Naschvorrat. Sie können den Brei in den Gläser mit Folie so abdecken, dass keine Luft an die Oberfläche gelangt, sonst bildet sich eine unschöne Haut. Er hält 4–5 Tage im Kühlschrank. Die Marmelade kommt erst kurz vor dem Verzehr darauf.

Geflügelleber-Streichwurst

Für ca. 30 Portionen • Pro Portion (1 EL): 31 kcal, 2,0 g E, 2,4 g F, 0,4 g KH, 0,2 g Bal

1 Zwiebel
1 Stange Lauch
2 Stängel Thymian
3 EL Rapsöl
50 g Schinkenwürfel
200 g frische Geflügelleber
1 TL Salz
Pfeffer
½ TL gemahlener Zimt
50 ml Schlagsahne

1. Die Zwiebel abziehen und vierteln. Den Lauch putzen, gut waschen und die weißen Teile grob zerschneiden (das Grün anderweitig verwenden). Den Thymian waschen, trocken schütteln und die Blätter von den Stängeln zupfen.
2. Zwiebel und Lauch mit 1 EL Öl in den Mixbehälter geben und mit eingesetztem Messbecher **5 Sekunden/Stufe 5** zerkleinern. Mit dem Spatel nach unten schieben, die Schinkenwürfel dazugeben und **6 Minuten/Anbrat-Taste** andünsten.
3. Die Geflügelleber von Sehnen befreien, mit Thymian und den Gewürzen in den Mixbehälter dazugeben und **10 Sekunden/Stufe 4** zerkleinern. Dann alles zusammen mit dem restlichen Öl **10 Minuten/90 °C/Stufe 3** sanft dünsten lassen.
4. Die Sahne angießen und alles mit Messbecher **10 Sekunden/Stufe 7** pürieren. Aufstrich sofort in heiß gespülte Schraubgläser (2 à ca. 150 ml) füllen und fest verschließen. Abkühlen lassen und im Kühlschrank aufbewahren. Hält sich verschlossen 2 Wochen. Wenn das Glas geöffnet ist, in 3–4 Tagen verbrauchen!

Omelette

Ihr Monsieur Cuisine kann auch Omelette! Natürlich können Sie Ihr Omelette oder andere Eierspeisen wie gewohnt in einer beschichteten Pfanne in Butter stocken lassen oder in die gefetteten Vertiefungen einer Muffinform in den Backofen geben. Sie können sie aber auch im flachen Dampfgaraufsatz zubereiten. Dafür wird Backpapier für den Einsatz so zugeschnitten, dass es am Rand etwas höher ist, jedoch die Schlitze zur Dampfzirkulation noch frei bleiben. 500 ml Wasser in den Mixbehälter füllen. Backpapier anfeuchten, die Eiermasse darauf verteilen und 18–20 Minuten/Dampfgar-Taste stocken lassen. Im Internet finden Sie auch fertig zugeschnittenes, ungebleichtes Dampfgarpapier, das mehrmals verwendet werden kann.

Omelette-Grundrezept

Für 1 Portion • Pro Portion: 279 kcal, 16,0 g E, 22,3 g F, 3,5 g KH, 0 g Bal

10 g Butter
2 Eier, Größe M
50 ml Milch oder Sahne
2 EL Mineralwasser mit Kohlensäure
Salz, Pfeffer

1. Den flachen Dampfgaraufsatz mit feuchtem Backpapier auslegen.
2. Butter in den Mixbehälter geben und **20 Sekunden/60 °C/Stufe 1** schmelzen. Restliche Zutaten dazugeben und **10 Sekunden/Stufe 3** verrühren.
3. Eimasse auf das Backpapier gießen, 500 ml Wasser in den Mixbehälter geben, Dampfgaraufsatz aufsetzen und das Omelette **18–20 Minuten/Dampfgar-Taste** stocken lassen.

Omelette mit grünem Gemüse

Für 4 Portionen • Pro Portion: 207 kcal, 13,4 g E, 22,4 g F, 8,9 g KH, 3,0 Bal

150 g Brokkoli
150 g gepalte Erbsen oder TK-Erbsen
4 Eier, Größe M
¼ TL gemahlene Kurkuma
Salz, Pfeffer
100 g Quark
3 EL Mineralwasser mit Kohlensäure
1 EL Butter

1. Vom Brokkoli mundgerechte Köpfchen abschneiden, waschen und in den Kocheinsatz geben. 500 ml Wasser in in den Mixbehälter füllen, Kocheinsatz einhängen und die Erbsen obenauf geben. In **15 Minuten/Dampfgar-Taste** bissfest dämpfen.
2. In der Zwischenzeit die Eier mit Kurkuma, etwas Salz und Pfeffer, Quark und Mineralwasser in einer Schüssel mit dem Schneebesen verquirlen.
3. Butter in einer beschichteten Pfanne (Ø ca. 25 cm) schmelzen, die Eimasse hineingießen und das gedämpfte Gemüse obenauf verteilen.
4. Omelette bei milder Hitze zugedeckt garen, bis die Eimasse an der Oberfläche gestockt ist. Sofort heiß servieren.

Tipp: Kaufen Sie Erbsen in Schoten, dann brauchen Sie davon ca. ½ Kilo. Vor Verwendung aus den Hülsen lösen – »palen«. Da helfen Kinder gerne mit, besonders, wenn sie von den frischen Erbsen naschen dürfen – beim Einkauf einplanen!
Die Erbsen müssen vor dem Brokkoli 5 Minuten solo in den Kocheinsatz.
Sie können nach Belieben anderes grünes Gemüse verwenden, es sollten immer je ca. 150 g sein. Gut geeignet: Zucchini, grüner Spargel oder Bohnen. Wenn Sie die Eimasse sehr fest stocken lassen, eignet sich das Gericht auch zum Kaltessen.

Omelette mit Zucchini und Pilzen

Für 4 Portionen • Pro Portion: 371 kcal, 19,0 g E, 30,1 g F, 4,9 g KH, 2,5 g Bal

200 g Zucchini
100 g braune Champignons, Shiitake- oder Austernpilze
4 Eier, Größe M
50 ml Mineralwasser mit Kohlensäure
Salz, Pfeffer
2 Stängel Petersilie oder Dill
2 EL Rapsöl
30 g Frischkäse

1. Den Backofen auf 80 °C Ober-/Unterhitze (Umluft 60 °C) vorheizen.
2. Zucchini waschen, putzen und grob zerschneiden. Pilze mit Küchenpapier säubern. Beides in den Mixbehälter geben und mit eingesetztem Messbecher **2 Sekunden/Stufe 4** zerkleinern.
3. Eier, Mineralwasser, Salz und Pfeffer dazugeben und **10 Sekunden/Stufe 3/Linkslauf** vermischen.
4. Petersilie waschen, mit Küchenpapier trocken tupfen, die Blätter von den Stängeln zupfen und hacken.

5. Rapsöl in einer großen beschichteten Pfanne (Ø ca. 28 cm) erhitzen, die Hälfte der Eimasse hineingeben und den Frischkäse mit einem Teelöffel darauf verteilen. Omelette bei milder Hitze 5–7 Minuten stocken lassen.
6. Das Omelette vierteln, auf 4 Teller verteilen, mit der gehackten Petersilie bestreuen und gleich servieren.

Tipp: Wenn Sie nur eine oder zwei Portionen brauchen, können Sie die Zutaten einfach vierteln bzw. halbieren und das Omelette im flachen Dampfgaraufsatz zubereiten. Dafür Backpapier für den Einlegeboden so zuschneiden, dass es am Rand etwas höher ist, jedoch die Schlitze zur Dampfzirkulation frei bleiben. Backpapier anfeuchten, die Eiermasse darauf verteilen, 500 ml Wasser in den Mixbehälter geben und Omelette **18–20 Minuten/Dampfgar-Taste** stocken lassen. Statt normalem Frischkäse können Sie zur Abwechslung mal Ziegenfrischkäse probieren. Dieser ist bekömmlicher und aromatischer.

KLEINE GERICHTE

Kräuter-Frittata mit Tomaten und Rucola

Für 4 Portionen • Pro Portion: 431 kcal, 14,8 g E, 36,6 g F, 9,9 g KH, 1,3 g Bal

3 Lauchzwiebeln
50 g frische oder TK-Kräuter
25 g Butter
150 ml Schlagsahne
100 g Frischkäse
6 Eier, Größe M
Salz, Pfeffer
etwas Fett für die Form
1 EL Olivenöl
2 EL weißer Balsamessig
200 g Cocktailtomaten
50 g Rucola

1. Den Backofen auf 180° Ober-/Unterhitze (Umluft 160 °C) vorheizen.
2. Die Zwiebeln abziehen und mit viel Grün grob zerschneiden. Die Kräuter waschen, mit Küchenpapier trocken tupfen und die Blätter von den Stängeln zupfen. TK-Kräuter etwas antauen lassen.

3. Zwiebeln und Kräuter in den Mixbehälter geben und mit eingesetztem Messbecher **5 Sekunden/Stufe 5** zerkleinern. Mit dem Spatel nach unten schieben, die Butter dazugeben und alles **5 Minuten/Anbrat-Taste** dünsten.
4. Sahne, Frischkäse, Eier, Salz und Pfeffer dazugeben und **35 Sekunden/Stufe 3** verrühren.
5. Die Masse in eine leicht gefettete Form (Ø ca. 25 cm) füllen und im Backofen auf der mittleren Schiene 15–20 Minuten stocken lassen.
6. In der Zwischenzeit in einer Schüssel aus Öl, Essig, Salz und Pfeffer mit dem Schneebesen eine Marinade rühren.
7. Die Tomaten waschen und vierteln. Rucola waschen, trocken tupfen und eventuell die harten Stängel abschneiden. Beides in die Schüssel zur Marinade geben und alles vorsichtig vermischen.
8. Frittata aus dem Backofen nehmen, in 4 Teile schneiden und mit dem Salat garniert servieren.

Tipp: Die Frittata eignet sich auch gut zum Kaltessen und Mitnehmen. Sie können sie vor dem Backen auch mit Schinkenwürfeln oder grob geraspeltem Parmesan bestreuen.

Hähnchenterrine mit Pistazien

Für ca. 16 Scheiben • Pro Scheibe: 163 kcal, 9,4 g E, 12,3 g F, 3,3 g E, 0,6 g Bal

500 g Hähnchenbrust
450 ml Schlagsahne
2 Scheiben Toastbrot
2 Eiweiß, Größe M
50 g Pistazien
Salz, Pfeffer
1 TL Ras al Hanout
Saft und Schale von ½ Bio-Zitrone

1. Die Hühnerbrustfilets in grobe Würfel schneiden und für 1 Stunde in das Tiefkühlfach geben. Der Monsieur Cuisine kann das so angefrorene Fleisch gleichmäßiger zerkleinern. 250 ml Sahne ebenfalls ins Tiefkühlfach geben, damit sie richtig gut kalt wird.
2. Den Backofen auf 180 °C Ober-/Unterhitze (160 °C Umluft) vorheizen und eine Kasserolle, in die die verwendete Terrinenform passt, 2 Fingerbreit mit Wasser gefüllt hineinstellen.
3. Das Toastbrot in den Mixbehälter geben und **6 Sekunden/Stufe 4** zerkleinern. In eine Schüssel umfüllen und mit 200 ml Sahne vermischen. Das Fleisch mit dem Eiweiß in den Mixbehälter geben und mit eingesetztem Messbecher **10 Sekunden/Stufe 6** zerkleinern.
4. Die gekühlte Sahne, die Sahne-Toast-Mischung und die übrigen Zutaten dazugeben und **30 Sekunden/ Stufe 4/Linkslauf** gut vermischen. Masse in eine kalt ausgespülte Terrinenform (oder Kastenform) füllen. Zugedeckt in das Wasserbad im Backofen stellen und 1 Stunde bei 180 °C garen. Herausnehmen, vollständig auskühlen lassen, aus der Form heben und in Scheiben schneiden. Hält sich im Kühlschrank in Frischhaltefolie verpackt ca. 3-4 Tage.

Info: Ras el Hanout ist eine typisch marokkanische Gewürzmischung, die sehr gut zu Geflügel passt. Wörtlich übersetzt heißt es: »Kopf des Ladens«, was bedeutet, dass nur der Chef weiß, was alles enthalten ist. Häufigste Zutaten sind: Muskat, Rosenknospen, Zimt, Anis, Chili, Lavendel und Pfeffer. Sie bekommen das Gewürz in verschiedenen Mahlstufen an Gewürzständen auf dem Markt und in gut sortierten Supermärkten. Ersatzweise können Sie jeweils ½ TL Zimt, Muskatnuss, Nelken, Kurkuma und Knoblauch verwenden.

Tipp: Servieren Sie die Terrinenscheiben als Hauptgericht auf einem gemischten Salat. Sie können sie aber auch in einer Box verpackt als Pausenbrot oder Imbiss mitnehmen.

Coleslaw

Für 4 Portionen • Pro Portion: 190 kcal, 4,2 g E, 11,5 g F, 14,6 g KH, 5,5 g Bal

200 g Möhren
400 g Weiß- oder Spitzkohl
1 weiße Zwiebel
1 säuerlicher Apfel
1 gehäufter TL Salz
150 ml Naturjoghurt
3 EL Weißweinessig
1 TL Zucker
50 g Mayonnaise
Pfeffer

1. Möhre schälen, putzen und grob zerschneiden. Kohl in Blätter teilen und die harten Mittelrippen entfernen. Grob hacken. Zwiebel abziehen und vierteln. Apfel schälen, vierteln und Kerngehäuse entfernen.
2. Möhre in den Mixbehälter geben und mit eingesetztem Messbecher **2 Sekunden/Turbo-Taste** zerkleinern. Mit dem Spatel nach unten schieben. Zwiebel und Apfel dazugeben und weitere **2 Sekunden/Turbo-Taste** zerkleinern.
3. Den Kohl dazugeben und **6 Sekunden/Stufe 4** mithilfe des Spatels zerkleinern.
4. Die übrigen Zutaten und eventuell noch mehr Mayonnaise zum Gemüse geben und **6 Sekunden/Stufe 3/Linkslauf** verrühren. Mit Salz und Pfeffer abschmecken.

Tipp: Dazu passt ganz toll das Pulled Pork (Seite 124). Dem Coleslaw schadet es nicht, im Kühlschrank 1–2 Tage durchzuziehen.

Mayonnaise

Für ca. 12 Portionen • Pro Portion (2 EL): 193 Kcal, 0,7 g E, 21,0 g F, 0,2 g KH, 0 g Bal

Angst vor dem Gerinnen der Mayonnaise können Sie bei der Zubereitung im Monsieur Cuisine vergessen. Durch das kräftige Schlagen mit den Messern emulgieren die Zutaten garantiert. Wichtig bleibt, dass die Zutaten – wie auch beim herkömmlichen Handrührgerät – zimmerwarm sein sollen. Hier ein Grundrezepte für Mayo mit ganzem Ei.

1 Ei, Größe M
1 TL Zitronensaft
1 EL Senf
½ TL Salz
270 ml Rapsöl
Pfeffer

1. Ei, Zitronensaft, Senf und Salz in den Mixbehälter geben und mit eingesetztem Messbecher **7 Sekunden/Stufe 6** verrühren.
2. Am Gerät **4 Minuten/Stufe 4** einstellen und das Öl langsam auf den Deckel des Mixbehälters gießen, sodass es unter dem eingesetzten Messbecher durch auf die Messer rinnen kann und die Masse so emulgiert.
3. Mit Salz und Pfeffer abschmecken, nach Belieben etwas mehr Zitronensaft zufügen.
4. In einem Schraubglas hält sich die Mayonnaise mindestens 10 Tage.

Bulgur-Salat mit Minze

Für 4 Portionen • Pro Portion: 290 kcal, 8,0 g E, 8,1 g F, 41,9 g KH, 19,9 Bal

4 Lauchzwiebeln
2 El Olivenöl
150 g Bulgur
400 ml Gemüsebrühe oder Wasser
2 Fleischtomaten
1 gelbe Paprikaschote
200 g Möhren
4 Stängel Minze
4 Stängel Petersilie
1 Zitrone
½ TL Kreuzkümmel
Salz, Pfeffer

1. Die Lauchzwiebeln abziehen, putzen, waschen und mit viel Grün in Stücke schneiden. In den Mixbehälter geben, Messbecher einsetzen und **5 Sekunden/Stufe 5** zerkleinern. 1 EL Olivenöl dazugeben und **4 Minuten/Anbrat-Taste** andünsten.
2. Bulgur in ein Sieb schütten und lauwarm abbrausen. Zu den Zwiebeln in den Topf geben und **3 Minuten/100 °C/Stufe 1/Linkslauf** dünsten. Brühe oder Wasser zufügen und **15 Minuten/90 °C/Stufe 1/Linkslauf** köcheln. Bulgur in eine große Schüssel umfüllen. Der Mixbehälter muss nicht gespült werden.
3. In der Zwischenzeit die Tomaten waschen, vierteln und die Stielansätze entfernen. Die Paprikaschote und Möhren waschen, putzen und grob in Stücke schneiden. Die Kräuter waschen, trocken schütteln und die Blätter von den Stängeln zupfen. Die Zitrone auspressen.
4. Das vorbereitete Gemüse und die Kräuter mit Zitronensaft, dem restlichen Olivenöl, Kreuzkümmel, Salz und Pfeffer in den Mixbehälter geben und mithilfe des Spatels **5 Sekunden/Stufe 5** zerkleinern.
5. Gemüse mit dem Bulgur in der Schüssel vermischen, mit Salz, Pfeffer und eventuell noch mehr Zitronensaft pikant abschmecken. Im Kühlschrank durchziehen lassen oder gleich noch lauwarm genießen.

Tipp: Ohne Fett in einer beschichteten Pfanne geröstete Pinien- oder Sonnenblumenkerne passen gut obenauf. Wer es gerne scharf mag, gibt noch 1–2 TL Harissa dazu. In türkischen Läden gibt es sehr feinen Bulgur (Köftelik Bulgur), den können Sie gleich in der Schüssel mit heißem Wasser übergießen und quellen lassen. Dann brauchen Sie nur noch den Gemüse-Kräuter-Mix zubereiten und untermischen.

Brokkolisalat mit Äpfeln und Reis

Für 4 Portionen • Pro Portion: 323 kcal, 10,6 g E, 9,0 g F, 45,7 g KH, 8,6 Bal

500 g Brokkoli
300 g Möhren
100 g Reis
1 l Wasser
Salz
3 säuerliche Äpfel
1 EL Zitronensaft
150 ml Naturjoghurt
2 EL Olivenöl
Salz, Pfeffer
40 g getrocknete Cranberrys oder Rosinen

1. Den Brokkoli waschen, die Röschen in mundgerechten Köpfchen abschneiden und in den tiefen Dampfgaraufsatz legen. Möhren und Brokkolistiele schälen und grob zerschneiden. In den Mixbehälter geben und **5 Sekunden/Stufe 5** zerkleinern. Den Reis in ein Sieb schütten, abbrausen und zum Gemüse geben.
2. 1 l Salzwasser dazugeben in **6 Minuten/100 °C/Stufe 1/Linkslauf** zum Kochen bringen. Die Brokkolistiele, Möhren und Reis hineingeben, den Dampfgaraufsatz aufsetzen und den Brokkoli **7 Minuten/Dampfgar-Taste** dämpfen.
3. Den Dampfgaraufsatz abnehmen und beiseite stellen. Gemüse und Reis im Mixbehälter weitere **15 Minuten/80 °C/Stufe 1/Linkslauf** fertig garen. Kochzeit bei Bedarf um 3–4 Minuten verlängern.
4. In der Zwischenzeit die Äpfel waschen, vierteln und die Kerngehäuse entfernen. Mit Zitronensaft beträufeln. Den Inhalt des Mixbehälters durch ein Sieb abgießen und in eine große Salatschüssel füllen.
5. Äpfel mit Joghurt, Olivenöl, Salz und Pfeffer in den Mixbehälter geben und **3 Sekunden/Turbo-Taste** zerkleinern.
6. Äpfel mit Joghurtsoße, Brokkoliköpfchen zum Salat geben und behutsam vermischen. Auf 4 Teller verteilen und mit Cranberrys bestreut servieren.

Rotkohlsalat mit Möhren und Rosinen

Für 4 Portionen • Pro Portion: 216 kcal, 4,2g E, 10,8g F, 21,8g KH, 7,5g Bal

1 Orange
60g Rosinen
750g Rotkohl
200g Möhren
4 Stängel glatte Petersilie
3 EL Nuss- oder Olivenöl
2 EL Apfelessig
½ TL gemahlener Zimt
Salz, Pfeffer

1. Die Orange auspressen. Die Rosinen im Orangensaft 15–20 Minuten einweichen.
2. Den Rotkohl in Blätter teilen und die harten Mittelrippen entfernen. Blätter waschen, trocken schütteln und grob hacken. Die Möhren schälen, putzen und grob in Stücke schneiden. Die Petersilie waschen, trocken schütteln und die Blätter von den Stängeln zupfen.
3. Rotkohl und Möhren in den Mixbehälter geben und mithilfe des Spatels **5 Sekunden/Stufe 5** zerkleinern. Eventuell in 2 Portionen arbeiten.
4. Rosinen mit Orangensaft, Petersilie, Öl, Essig, Zimt, Salz und Pfeffer dazugeben und **5 Sekunden/Stufe 3/Linkslauf** untermischen. Salat nochmals mit Salz und Pfeffer abschmecken und auf 4 Teller verteilen.

Info: Die Farbe des Rotkohls oder Blaukrauts hängt vom pH-Wert des Bodens ab, auf dem er wächst. Auf basischen Böden wird er eher blau, auf sauren Böden rot. Röter oder eher blau werden kann er auch bei der Zubereitung: Säuren wie Essig oder Apfel färben rot, Zutaten wie Natron oder Zucker verändern ins Bläuliche. Das mag interessant sein, hat aber nichts damit zu tun, dass Rotkohl mit vielen Mineralstoffen gut für Ihre Gesundheit ist. Magnesium, Kalium und Selen sind in erster Linie dafür verantwortlich. Auch sehr bemerkenswert ist sein hoher Gehalt an sekundären Pflanzenstoffen, die entzündungshemmend wirken und das Immunsystem stärken.

Spinat-Pancakes

Für Portionen à 3 Stück • Pro Portion: 439 kcal, 21,7 g E, 15,7 g F, 49,6 g KH, 6,3 Bal
Pro Stück: 146 kcal, 7,2 g E, 5,2 g F, 16,5 g KH, 2,1 g Bal

40 g Parmesan
1 große Zwiebel
2 Knoblauchzehen
1 EL Olivenöl
400 g frischer Spinat
4 Stängel glatte Petersilie oder Basilikum
4 Eier, Größe M,
250 g Mehl (Type 405 oder 550)
1 TL Backpulver
frisch geriebene Muskatnuss
Salz, Pfeffer

1. Den Backofen auf 180 °C Ober-/Unterhitze (Umluft 160 °C) vorheizen. Den Parmesan in Stücke brechen, in den Mixbehälter geben und mit eingesetztem Messbecher **10 Sekunden/Stufe 10** fein reiben. In eine Schüssel umfüllen und beiseite stellen.
2. Die Zwiebel abziehen und vierteln. Die Knoblauchzehen schälen. Beides zusammen mit dem Öl in den Mixbehälter geben und mit eingesetzem Messbecher **5 Sekunden/Stufe 5** zerkleinern. Mit dem Spatel nach unten schieben und **4 Minuten/Anbrat-Taste** andünsten.

3. Den Spinat waschen, putzen und verlesen. Gut abtropfen lassen. Petersilie oder Basilikum waschen, trocken schütteln und die Blätter von den Stängeln zupfen. Beides in den Mixbehälter geben und mithilfe des Spatels **8 Sekunden/Stufe 5** zerkleinern. Mit dem Spatel nach unten schieben.

4. Parmesan, Eier, Mehl, Backpulver und Gewürze dazugeben und **8 Sekunden/Stufe 4/Linkslauf** verrühren. Eventuell etwas Mehl zufügen, bis ein cremiger Teig entsteht.

5. Ein Backblech mit Backpapier auslegen und 12 kleine Kellen Teig daraufsetzen. Etwas flach drücken und 10 Minuten von jeder Seite backen.

Tipp: Pancakes übrig geblieben? In einer beschichteten Pfanne mit ein wenig Öl von beiden Seiten je 1 Minute knusprig braten.

Info: Spinat ist unter den Blattgemüsen eine hervorragende Wahl, wenn es um gesunde Ernährung für die ganze Familie geht. Mineralstoffe, sekundäre Pflanzenstoffe, Ballaststoffe und vor allem viel Vitamin K und Folsäure sind seine Trümpfe. Zudem ist er das ganze Jahr über schon fix und fertig geputzt in Beuteln oder als praktische Würfel tiefgekühlt im Supermarkt erhältlich. Frisch aus dem Backofen mit etwas Salat ergeben die Pancakes eine Mahlzeit, abgekühlt in einer Lunchbox auch ein Pausenbrot oder einen Mittagsimbiss.

Eiermuffins mit Spinat und Schafskäse

Für 4 Portionen à 3 Stück • Pro Portion: 345 kcal, 24,8 g E, 23,1 g F, 8,0 g KH, 3,3 Bal
Pro Stück: 115 kcal, 8,3 g E, 7,7 g F, 2,7 g KH, 1,1 g Bal

1 kleine Zwiebel
1–2 Knoblauchzehen
2 EL Rapsöl
400 g frischer Blattspinat oder 4 Stängel Basilikum
20 g Mehl (Type 405 oder 550)
100 g Quark
8 Eier, Größe M
Salz, Pfeffer
frisch geriebene Muskatnuss
150 g Schafskäse
500 ml Wasser

1. Die Zwiebel abziehen und vierteln. Die Knoblauchzehen schälen. Beides mit dem Öl in den Mixbehälter geben und mit eingesetztem Messbecher **3 Sekunden/Stufe 5** zerkleinern. Mit dem Spatel nach unten schieben und **4 Minuten/Anbrat-Taste** andünsten.
2. Spinat oder Basilikum waschen, verlesen und gut abtropfen lassen. Zu den Zwiebeln in den Mixtopf geben und **5 Minuten/Anbrat-Taste** andünsten.
3. Mehl, Quark, Eier, Salz, Pfeffer und Muskatnuss dazugeben und **10 Sekunden/Stufe 3/Linkslauf** vermischen. Masse in 12 Muffinförmchen aus Papier füllen und diese dicht an dicht in den flachen Dampfgaraufsatz stellen.
4. Schafskäse in Würfel schneiden und auf die Förmchen verteilen. Wasser in den Mixbehälter füllen, Dampfgaraufsatz aufsetzen, verschließen und die Küchlein **18–20 Minuten/Dampfgar-Taste** stocken lassen.

Kräuterrolle mit Lachs

Für ca. 10 Scheiben • Pro Scheibe: 191 kcal, 13,8 g E, 74,2 g F, 1,6 g KH, 0,7 g Bal

75 g Parmesan
100 g Bergkäse
150 g Babyspinat
4 Eier, Größe M
Salz, Pfeffer
frisch geriebene Muskatnuss
200 g Räucherlachs
50 g frischer Dill
200 g Frischkäse

1. Den Backofen auf 200 °C Ober-/Unterhitze (Umluft 180 °C) vorheizen. Parmesan in Stücke brechen, in den Mixbehälter geben und mit eingesetztem Messbecher **10 Sekunden/Stufe 10** reiben. Ein Backblech mit Backpapier auslegen und den Käse darauf zu einem Quadrat verteilen (ca. 30 × 30 cm).
2. Bergkäse grob zerteilen und in den Mixbehälter geben. Babyspinat waschen, gut abtropfen lassen und verlesen. Zusammen mit den Eiern und Gewürzen zum Käse geben und **12 Sekunden/Stufe 7** mithilfe des Spatels zerkleinern.
3. Die Masse auf dem Parmesan verteilen und 10 Minuten im vorgeheizten Backofen vorbacken. Herausnehmen und abkühlen lassen. Der Mixbehälter muss nicht gespült werden.
4. In der Zwischenzeit den Lachs in Streifen schneiden. Den Dill waschen, trocken schütteln und mit Küchenpapier trocken tupfen. Die Blätter von den Stängeln zupfen.
5. Dill in den Mixbehälter geben (Messbecher!) und **3 Sekunden/Turbo-Taste** zerkleinern. Mit dem Spatel nach unten schieben, den Frischkäse dazugeben und **4 Sekunden/Stufe 4** vermischen.
6. Die abgekühlte Spinat-Käse-Platte mit dem Dill-Frischkäse bestreichen und mit den Lachsstreifen belegen. Platte aufrollen, in Frischhaltefolie wickeln und kalt stellen. Vor dem Servieren in ca. 2 cm breite Scheiben schneiden.

Blumenkohl-Nuggets

Für 20 Stück • Pro Stück: 70 kcal, 3,6 g E, 3,6 g F, 5,1 g KH, 1,4 g Bal

50 g frische Kräuter
100 g alter Gouda oder Bergkäse
1 Blumenkohl (ca. 1,2 kg)
500 ml Wasser
2 Eier, Größe M
100 g Semmelbrösel
Salz, Pfeffer
2 EL Rapsöl

1. Die Kräuter waschen, gut trocken schütteln und die Blätter von den Stängeln zupfen. Den Käse grob zerschneiden. Beides in den Mixbehälter geben und mit eingesetztem Messbecher **8 Sekunden/Stufe 8** zerkleinern. In eine geräumige Schüssel (der Blumenkohl soll später auch darin Platz haben) umfüllen.
2. Blumenkohl waschen, putzen und grob zerschneiden. In 2 Portionen in den Mixbehälter geben und mit eingesetztem Messbecher jeweils **4 Sekunden/Stufe 5** zerkleinern. Dann in den tiefen Dampfgaraufsatz geben. Wasser in den Mixbehälter füllen, Dampfgaraufsatz aufsetzen und Blumenkohl zugedeckt **20 Minuten/ Dampfgar-Taste** weich dünsten.
3. Etwas abkühlen lassen, in ein sauberes Tuch geben, kräftig ausdrücken und zum Käse in die Schüssel geben. Backofen auf 200 °C Ober-/Unterhitze (Umluft 180 °C) vorheizen.
4. Eier und 70 g Semmelbrösel zur Blumenkohl-Käse-Mischung geben und gut vermischen. Mit Salz und Pfeffer abschmecken.
5. Ein Backblech mit Öl bepinseln. Die restlichen Brösel auf einem flachen Teller ausbreiten. Mit angefeuchteten Händen aus dem Blumenkohlteig 25 Nuggets formen, jeweils in den Bröseln wälzen, auf das Backblech legen und 15 Minuten auf jeder Seite goldgelb backen.
6. Blech in den Ofen schieben und Nuggets 15 Minuten von jeder Seite goldgelb backen und heiß oder kalt auf Salat, am Buffet oder unterwegs genießen.

Kräuterfleischbällchen

Für 4 Portionen à 4 Stück • Pro Portion: 481 kcal, 26,1 g E, 38,1 g F, 7,3 g KH, 2,2, Bal

10 Stängel Petersilie (ca. 100 g Blätter)
50 g gemischte Kräuter nach Saison (oder 1 Pck. TK-Kräutermischung)
4 Lauchzwiebeln
65 ml Olivenöl
1 große Zwiebel
600 g gemischtes Hackfleisch
1 TL Salz
Pfeffer

1. Den Backofen auf 180 °C Ober-/Unterhitze (Umluft 160 °C) vorheizen.
2. Die Petersilie und die gemischten frischen Kräuter waschen, mit Küchenpapier trocken tupfen und die Blätter von den Stängeln zupfen. Die Lauchzwiebeln putzen, waschen und mit viel Grün grob zerschneiden.
3. Die Hälfte der Petersilie sowie die Lauchzwiebeln und gemischten Kräuter mit 50 ml Olivenöl in den Mixbehälter geben und mit eingesetztem Messbecher **10 Sekunden/Stufe 6** zerkleinern. In eine Schüssel umfüllen und beiseite stellen. Den Mixtopf nicht reinigen.
4. Die Zwiebel abziehen und vierteln. Zusammen mit den restlichen Petersilienblättern und dem restlichen Olivenöl in den Mixbehälter geben und **5 Sekunden/Stufe 5** zerkleinern (Messbecher!). Mit dem Spatel nach unten schieben und **4 Minuten/Anbrat-Taste** andünsten.
5. Das Hackfleisch mit Salz und Pfeffer dazugeben und **20 Sekunden/Stufe 3/Linkslauf** zu einer glatten Masse verrühren. Mit feuchten Händen aus dem Fleischteig 16 Bällchen formen und auf ein mit Backpapier ausgelegtes Backblech setzen.
6. Bällchen im Backofen in 20–25 Minuten goldbraun backen – dabei öfter rütteln, sodass die Bällchen von allen Seiten gebräunt werden.
7. Zum Servieren Fleischbällchen in eine Schüssel geben, mit etwas Kräutersoße beträufeln und die restliche Soße getrennt dazu reichen.

Kürbissuppe mit Salbei-Nuss-Pesto

Für 4 Portionen • Pro Portion: 292 kcal, 6,4 g E, 20,3 g F, 19,6 g KH, 3,1 g Bal

25 g frische Salbeiblätter
80 g Walnusskerne
2 EL Olivenöl
½ Bio-Zitrone
Salz, Pfeffer
400 g Hokkaido-, Flaschen- oder Muskatkürbis (vorbereitet gewogen)
1 große Zwiebel
1 Knoblauchzehe
1 EL Rapsöl
600 ml Gemüsebrühe
1 gestrichener EL gemahlene Kurkuma

1. Für das Pesto die Salbeiblätter waschen und mit Küchenpapier trocken tupfen. Einige Blätter zum Garnieren beiseite legen, den Rest grob hacken. Zusammen mit den Walnüssen und dem Olivenöl in den Mixbehälter geben und mit eingesetztem Messbecher **5 Sekunden/Stufe 6** zerkleinern. Den Vorgang 2–3 Mal wiederholen, dabei die Masse zwischendurch immer wieder mit dem Spatel nach unten schieben. Pesto dann in eine Schüssel umfüllen. Den Mixtopf spülen.
2. Zitrone waschen und gut abtrocknen, 1 TL Schale abreiben und den Saft auspressen. Zitronenschale unter das Pesto rühren und dieses mit Salz und Pfeffer abschmecken.
3. Kürbis waschen (Hokkaido) bzw. schälen und entkernen. Kürbisfruchtfleisch grob zerschneiden. Die Zwiebel abziehen und grob hacken. Die Knoblauchzehe schälen.
4. Zwiebel und Knoblauch in den Mixbehälter geben und mit eingesetztem Messbecher **5 Sekunden/Turbo-Taste** zerkleinern. Das Rapsöl dazugeben und das Gemüse **4 Minuten/Anbrat-Taste** andünsten.

5. Kürbis und Brühe dazugeben und Kürbis in **15 Minuten/100 °C/Stufe 1** mit dem Kocheinsatz als Spritzschutz aufgesetzt weich kochen. Anschließend Suppe **45 Sekunden/Stufe 7** fein pürieren. Mit Zitronensaft, Salz und Pfeffer abschmecken. Kurkuma **5 Sekunden/Stufe 4** unterrühren.
6. Zum Servieren die Suppe auf 4 Teller verteilen, jeweils 1 EL Pesto leicht einrühren und mit den restlichen Salbeiblättern garniert servieren.

Brokkolisuppe mit Kartoffeln und Pinienkernen

Für 4 Portionen • Pro Portion: 215 kcal, 10,1 g E, 12,1 g F, 13,8 g KH, 5,4 Bal

1 Zwiebel
1 EL Rapsöl
400 g Brokkoli
150 g Kartoffeln
800 ml Gemüsebrühe oder Wasser
30 g Zitronenmelisse oder Minze
40 g Pinienkerne
50 g Schmand oder Saure Sahne
Salz, Pfeffer
frisch geriebene Muskatnuss
etwas Zitronensaft

1. Die Zwiebel abziehen, vierteln, in den Mixbehälter geben und mit eingesetztem Messbecher **5 Sekunden/Turbo-Taste** zerkleinern. Mit dem Spatel nach unten schieben, das Rapsöl dazugeben und Zwiebel **4 Minuten/Anbrat-Taste** andünsten.
2. Brokkoli waschen, die Röschen abschneiden, den Stängel putzen, schälen und grob zerschneiden. Einige kleine Röschen zum Garnieren in den tiefen Dampfgaraufsatz legen. Die Kartoffeln schälen, waschen und zerschneiden.

3. Brokkoli und Kartoffeln in den Mixbehälter geben und **3 Sekunden/Turbo-Taste** zerkleinern. Brühe oder Wasser angießen, den Dampfgaraufsatz aufsetzen und Gemüse **20 Minuten/Dampfgar-Taste** weich kochen.
4. Die Zitronenmelisse waschen, trocken schütteln und die Blätter von den Stängeln zupfen. Die Pinienkerne in einer beschichteten Pfanne ohne Fett goldgelb rösten.
5. Zitronenmelisse und Schmand zur Suppe geben und diese **40 Sekunden/Stufe 7** pürieren. Mit Salz, Pfeffer, Muskatnuss und Zitronensaft abschmecken.
6. Suppe auf 4 Teller verteilen, die Brokkoliröschen in die Mitte setzen und Pinienkerne darüberstreuen.

Tipp: Die Brokkolisuppe können Sie genauso gut mit Blumenkohl zubereiten. In diesem Fall schmecken statt der Pinienkerne Walnusskerne oder Mandeln besonders gut.

Tomaten-Paprika-Suppe

Für 4 Portionen • Pro Portion: 113 kcal, 3,5 g E, 4,4 g F, 12,5 g KH, 5,0 Bal

1 Bund Lauchzwiebeln
2 Knoblauchzehen
1 kleine rote Peperonischote (nach Belieben)
250 g rote Paprikaschoten
150 g grüne Paprikaschoten
100 g Zucchini
500 g reife Tomaten
1 EL Olivenöl
500 ml Gemüsebrühe
Salz, Pfeffer
1–2 EL Balsamessig
einige Basilikumblätter (nach Belieben)

1. Lauchzwiebeln abziehen, putzen, waschen und grob zerschneiden. Etwas vom dunklen Grün beiseite legen. Knoblauchzehen schälen. Peperonischote waschen, putzen, längs halbieren und die Kerne entfernen.
2. Paprikaschoten waschen, putzen und grob in Stücke schneiden. Zucchini waschen, putzen und zerschneiden. Die Tomaten waschen, halbieren und die Stielansätze herausschneiden.

3. Lauchgrün und einige Paprika- und Zucchinistücke in den Mixbehälter geben und mit eingesetztem Messbecher **4 Sekunden/Stufe 5** zerkleinern. In eine Schüssel umfüllen und beiseite stellen. Dieses Gemüse wird später zur Dekoration benötigt. Sie könnten die Garnitur auch nach Belieben von Hand in Würfel schneiden.
4. Zwiebeln, Knoblauch und Peperoni zusammen mit dem Olivenöl in den Mixbehälter geben und mit eingesetztem Messbecher **5 Sekunden/Turbo-Taste** zerkleinern. Anschließend **4 Minuten/Anbrat-Taste** andünsten. Mit dem Spatel nach unten schieben.
5. Alles übrige Gemüse und die Brühe in den Mixbehälter geben und **17 Minuten/100 °C/Stufe 1** kochen. Anschließend Suppe mit eingesetztem Messbecher **20 Sekunden/Stufe 6** nicht zu fein pürieren.
6. Die Suppe mit Salz, Pfeffer und Essig abschmecken, auf 4 Teller verteilen und die vorbereiteten Gemüsestücke in die Mitte geben. Nach Belieben mit Basilikumblättern garniert servieren.

Tipp: Im heißen Sommer können Sie die Suppe auch eisgekühlt reichen. Dafür sollte sie nach dem Abkühlen mindestens 3 Stunden – besser über Nacht – in den Kühlschrank.

Gazpacho

Für 4 Portionen • Pro Portion: 150 kcal, 3,6 g E, 7,7 g F, 14,5 g KH, 4,2 g Bal

½ Brötchen
100 ml lauwarmes Wasser
1 Knoblauchzehe
1 kleine Zwiebel
150 g Salatgurke
1 rote Paprikaschote
1 kleine rote Peperonischote (nach Belieben)
600 g reife Tomaten
250 ml Gemüsebrühe
2 EL Olivenöl
1 EL Balsamessig
Salz, Pfeffer
einige Basilikumblätter

1. Das halbe Brötchen grob zerschneiden, in eine Schüssel legen und mit Wasser übergießen. Dann bis zur Verwendung einweichen lassen.
2. Knoblauchzehe schälen. Die Zwiebel abziehen und halbieren. ⅔ der Gurke schälen und grob in Stücke schneiden. Den Rest waschen und beiseite legen.

3. Paprika- und Peperonischote waschen und putzen. Ebenfalls ⅔ davon grob in Stücke schneiden und den Rest beiseite legen. Die Tomaten waschen, eine Tomate beiseite legen, die restlichen halbieren und die Stielansätze herausschneiden.
4. Knoblauch, Zwiebel, Paprika und Peperonistücke in den Mixbehälter geben und mit eingesetztem Messbecher **5 Sekunden/Stufe 5** zerkleinern. Mit dem Spatel nach unten schieben und das ausgedrückte Brötchen, Gurkenstücke, Tomatenhälften, Gemüsebrühe und Olivenöl dazugeben und **40 Sekunden/Stufe 5–10** langsam ansteigend fein pürieren. In eine Schüssel umfüllen und mit Balsamessig, Salz und Pfeffer abschmecken. Mehrere Stunden kalt stellen.
5. Vor dem Servieren die restlichen Gurken-, Paprika- und Peperonistücke würfeln. Die übrige Tomate mit heißem Wasser überbrühen, kalt abschrecken und die Haut abziehen. Tomate halbieren, die Stielansätze und Kerne entfernen und das Fruchtfleisch klein würfeln.
6. Die Suppe nochmals gut durchrühren und auf tiefe Teller oder Gläser verteilen. Das gewürfelte Gemüse obenauf geben oder getrennt dazu reichen und die Suppe mit Basilikum garniert servieren.

Tipp: Die eisgekühlte spanische Suppe ist im Sommer sehr erfrischend und wird gerne auch noch mit gehackten Zwiebeln und gehacktem hart gekochten Ei serviert. Croûtons sind ebenfalls oft mit dabei. Sie können die doppelte Menge des Suppenrezepts auch auf Vorrat zubereiten. Gut verschlossen, zum Beispiel in einer Flasche mit breiter Öffnung, hält sie sich 2–3 Tage im Kühlschrank. Wenn die Suppe tatsächlich eisgekühlt sein soll: Suppe mit 10 Eiswürfeln in den Mixbehälter füllen und **30 Sekunden/Stufe 10** mixen, bis die Eiswürfel fein zerteilt sind.

Grüne Gazpacho

Für 4 Portionen • Pro Portion: 298 kcal, 6,9 g E, 24,6 g F, 89,4 g KH, 6,2 g Bal

75 g gemahlene Mandeln oder Haselnüsse
1 grüne Paprikaschote
200 g Staudensellerie
1 kleine Salatgurke
1–2 Knoblauchzehen
½ Zitrone
2 Fleischtomaten
4 EL Olivenöl
100 ml Wasser
2–3 EL Weißweinessig
10 Eiswürfel
Salz, Pfeffer

1. Die Mandeln in einer beschichteten Pfanne ohne Fett goldgelb rösten und beiseite stellen.
2. Die Paprikaschote waschen, putzen, entkernen und grob zerschneiden. Die Selleriestängel waschen und putzen. Ca. 15 cm vom dünnen Ende eines Stängels in schmale Streifen schneiden und diese zur Dekoration beiseite legen. Etwas Selleriegrün ebenfalls aufbewahren. Den Rest der Stängel und des Grüns grob hacken.
3. Die Gurke schälen und grob hacken. Die Knoblauchzehen abziehen. Die Zitrone heiß waschen, 2 TL Schale abreiben und die halbe Frucht auspressen.
4. Die Tomaten waschen, vierteln, die Stielansätze und die Kerne entfernen und das Fruchtfleisch würfeln. ¼ der Tomatenwürfel zum Garnieren beiseite stellen.
5. Alles übrige Gemüse und die Mandeln zusammen mit 2 EL Öl, Wasser, Essig, Limettenschale und -saft und Eiswürfeln in den Mixbehälter geben und mit eingesetztem Messbecher **50 Sekunden/Stufe 5–8** ansteigend pürieren.
6. Suppe mit Salz und Pfeffer abschmecken, auf 4 Tellern anrichten und mit den Selleriescheiben, -grün sowie den Tomatenwürfeln dekorieren. Mit dem restlichen Olivenöl beträufelt sofort servieren.

Tomatensuppe mit Mozzarella

Für 4 Portionen • Pro Portion: 509 kcal, 14,7 g E, 23,4 g F, 8,8 g KH, 2,6 g Bal

750 g reife Tomaten
1 Zwiebel
1 Knoblauchzehe
3 EL Olivenöl
500 ml Gemüsebrühe
je 1 Zweig Thymian und Oregano
2 Kugeln Mozzarella
4 Stängel Basilikum
Salz, Pfeffer

1. Die Tomaten waschen, halbieren und die Stielansätze herausschneiden. Zwiebel abziehen und vierteln. Knoblauchzehe schälen.
2. Zwiebel, Knoblauch und 1 EL Olivenöl in den Mixbehälter geben und mit eingesetztem Messbecher **5 Sekunden/Turbo-Taste** zerkleinern. Mit dem Spatel nach unten schieben und **4 Minuten/Anbrat-Taste** andünsten.
3. Tomaten, Brühe, Thymian und Oregano in den Mixbehälter geben und zugedeckt **20 Minuten/95 °C/Stufe 1** sehr weich kochen.
4. In der Zwischenzeit die Mozzarellakugeln aus den Packungen nehmen, gut abtropfen lassen und in Scheiben schneiden. Das Basilikum waschen, trocken schütteln und die Blätter von den Stängeln zupfen.
5. Thymian- und Oreganozweig aus dem Mixtopf fischen und die Suppe **40 Sekunden/Stufe 6–8 ansteigend** fein pürieren. Mit Salz und Pfeffer abschmecken.
6. Die Suppe auf 4 Teller verteilen, die Mozzarellascheiben in die Mitte legen und die Basilikumblätter darüber verteilen. Mit je ½ EL Olivenöl beträufeln und gleich servieren.

Tipp: Die Suppe schmeckt nach Gazpachoart auch gut gekühlt. Die abgekühlte Suppe (kann 2–3 Tage im Kühlschrank aufbewahrt werden) vor dem Servieren noch mal in den Mixtopf geben und mit 10 Eiswürfeln **30 Sekunden/Stufe 10** cremig mixen.

Auberginensuppe »Ratatouille«

Für 4 Portionen • Pro Portion: 235 kcal, 10,8 g E, 8,2 g F, 25,4 g KH , 8,2 g Bal

1 Zwiebel
2 Knoblauchzehen
1 rote oder gelbe Paprikaschote
250 g Auberginen
250 g Zucchini
250 g Tomaten
2 EL Olivenöl
1 l Gemüsebrühe
2 Scheiben Bio-Zitrone
100 g gelbe oder rote Linsen
½ TL gemahlene Kurkuma
2 Stängel glatte Petersilie
Salz
Zitronensaft (nach Belieben)

1. Zwiebel und Knoblauch schälen und grob zerkleinern. Die Paprika waschen, putzen und ebenfalls grob zerkleinern.
2. Auberginen und Zucchini waschen, putzen, je nach Dicke längs halbieren und in 1 cm dicke Scheiben schneiden. Die Tomaten waschen, Stielansätze und eventuell die Kerne entfernen und das Fruchtfleisch würfeln.
3. Zwiebel, Knoblauch und Olivenöl in den Mixbehälter geben und mit eingesetztem Messbecher **4 Sekunden/Turbo-Taste** zerkleinern. Mit dem Spatel nach unten schieben und **4 Minuten/Anbrat-Taste** andünsten. Die Paprikastücke dazugeben **2 Sekunden/Turbo-Taste** zerkleinern und **5 Minuten/Anbrat-Taste** leicht anschmoren.
4. Auberginen und Zucchini zugeben und mit der Brühe aufgießen. Zitronenscheiben, Linsen und Kurkuma dazugeben. Suppe **15 Minuten/95 °C/Stufe 1/Linkslauf** zugedeckt köcheln lassen.

5. Die Tomatenwürfel dazugeben und alles weitere **5 Minuten/95 °C/Stufe 1/Linkslauf** köcheln lassen.
6. In der Zwischenzeit die Petersilie waschen, trocken schütteln, die Blätter von den Stängeln zupfen und hacken.
7. Suppe mit Salz und nach Belieben Zitronensaft abschmecken und mit Petersilie bestreuen.

Tipp: Wenn etwas übrig bleibt: Die Suppe kann im Kühlschrank 2–3 Tage aufbewahrt werden. Nach Belieben können Sie auch anderes Gemüse wie zum Beispiel Staudensellerie dazugeben. Davon nehmen Sie ca. 250 g – einfach würfeln und schon mit der Paprika in den Topf geben.

Tomatensuppe mit Spiralnudeln

Für 4 Portionen • Pro Portion: 291 kcal, 10,7 g E, 1,8 g F, 55,5 g KH, 5,2 g Bal

400 g reife Strauchtomaten
1 Zwiebel
2–3 Knoblauchzehen
2 EL Olivenöl
2 EL Tomatenmark
600 ml Gemüsebrühe
250 g Teigwaren (Spirelli, Fusilli, Farfalle, Gemelli – ganz nach Belieben)
4 Stängel frisches Basilikum
1 Dose gehackte Tomaten (400 g Einwaage)
Salz, Pfeffer

1. Die Tomaten waschen, vierteln, Stielansätze und eventuell die Kerne entfernen. Zwiebel abziehen und vierteln. Knoblauchzehen schälen und halbieren.
2. Zwiebel, Knoblauch und Öl in den Mixbehälter geben und mit eingesetztem Messbecher **5 Sekunden/Turbo-Taste** zerkleinern. Mit dem Spatel nach unten schieben und **4 Minuten/Anbrat-Taste** andünsten.
3. Tomatenmark dazugeben und **3 Minuten/Anbrat-Taste** mit andünsten.
4. Die Brühe zufügen und in **6 Minuten/100 °C/Stufe 1** zum Kochen bringen.
5. Tomaten und Teigwaren ins kochende Wasser geben und Pasta nach Packungsanleitung **10–12 Minuten/100 °C/Linkslauf** weich kochen. Eventuell den Kocheinsatz als Spritzschutz aufsetzen.
6. In der Zwischenzeit das Basilikum waschen, trocken schütteln, die Blätter von den Stängeln zupfen und in Streifen schneiden.
7. Die gehackten Tomaten zur Suppe geben und in **3–4 Minuten/100 °C/Linkslauf** heiß werden lassen. Mit Salz und Pfeffer abschmecken und mit Basilikum bestreuen.

Tipp: Sehr gut macht sich zur Tomatensuppe 1 Schuss Balsamessig oder Crema di Balsamico. Statt der Nudeln wird in Italien auch Reis in der Tomatensuppe sehr geschätzt. Dieser hat etwas längere Kochzeiten als die Pasta und sollte sehr weich gekocht sein. Einfach nach 15 Minuten Kochzeit mal probieren.
Gesundheitsbewusste können natürlich auch Vollkorn-Teigwaren verwenden. Dabei die längeren Kochzeiten beachten!

Pastinakencreme mit Pfifferlingen

Für 4 Portionen • Pro Portion: 312 kcal, 7,4 g E, 15,4 g F, 32,0 g KH, 8,5 g Bal

1 EL Koriandersaat
4 Schalotten
1 EL Rapsöl
400 g Pastinaken
½ Zitrone
1 säuerlicher Apfel (z. B. Braeburn)
600 ml Milch
200 g Pfifferlinge
2–3 Zweige Thymian
25 g Butter
Salz, Pfeffer

1. Die Koriandersaat in den Mixbehälter geben und mit eingesetztem Messbecher **20 Sekunden/Stufe 10** schroten. In eine Schüssel umfüllen und beiseite stellen.
2. Die Schalotten abziehen und halbieren. Mit dem Rapsöl in den Mixbehälter geben und mit eingesetztem Messbecher **5 Sekunden/Turbo-Taste** zerkleinern. Mit dem Spatel nach unten schieben und **4 Minuten/Anbrat-Taste** andünsten.
3. Die Pastinaken schälen, putzen und grob in Stücke schneiden. Die Zitrone auspressen. Den Apfel schälen, vierteln, das Kerngehäuse entfernen und das Fruchtfleisch mit etwas Zitronensaft beträufeln. (Der restliche Zitronensaft ist zum Abschmecken.)
4. Pastinaken, Apfel und die Hälfte des Korianders in den Mixbehälter geben und mit eingesetztem Messbecher **6 Sekunden/Stufe 5** zerkleinern. Die Milch dazugießen, den Kocheinsatz als Spritzschutz aufsetzen und das Ganze in **12 Minuten/100 °C/ Stufe 2** weich kochen.
5. Die Pfifferlinge währenddessen behutsam mit einer weichen Bürste reinigen und putzen. Den Thymian waschen, mit Küchenpapier trocken tupfen und die Blättchen gegen die Wuchsrichtung von den Stängeln streifen.
6. Die Butter in einer beschichteten Pfanne erhitzen und die Pfifferlinge mit dem Thymian darin scharf anbraten.
7. Die Suppe **30 Sekunden/Stufe 6–8** ansteigend fein pürieren und mit Salz, Pfeffer und Zitronensaft pikant abschmecken. Auf 4 Teller verteilen, die Pfifferlinge in die Mitte geben und den restlichen Koriander darüberstreuen.

Tipp: Würzig schmecken dazu ein paar Tropfen Lein- oder Nussöl. Über jede Portion ca. 1 TL träufeln.

HAUPTGERICHTE

Blumenkohlreis mit Gemüse

4 Portionen • Pro Portion: 99 kcal, 4,8 g E, 4,2 g F, 7,4 g KH, 6,1 g Bal

600 g Blumenkohl (500 g vorbereitet gewogen)
1 gelbe oder orangefarbene Paprikaschote
150 g Zucchini
1–2 Knoblauchzehen
1 EL Rapsöl
200 ml Gemüsebrühe
2 Stängel glatte Petersilie
Salz, Pfeffer
1–2 EL weißer Essig (z. B. Reisessig)

1. Blumenkohl putzen, waschen und in Röschen teilen. In 2 Portionen im Mixbehälter jeweils **4 Sekunden/Turbo-Taste** auf ca. Reiskorngröße zerkleinern. In den Kocheinsatz geben.
2. Die Paprikaschote putzen, waschen und grob zerschneiden. Zucchini waschen, putzen und ebenfalls grob zerschneiden. Die Knoblauchzehen schälen.
3. Paprika, Zucchini und Knoblauch in den Mixbehälter geben und mit eingesetztem Messbecher **5 Sekunde/Turbo-Taste** zerkleinern.
4. Das Rapsöl dazugeben und Gemüse **5 Minuten/Anbrat-Taste** andünsten. Die Brühe angießen, den Kocheinsatz mit dem Blumenkohl einhängen und diesen zugedeckt in **18 Minuten/100 °C/Stufe 1/Linkslauf** weich dünsten.
5. Die Petersilie waschen, trocken schütteln und die Blätter vom Stängel zupfen.
6. Den Blumenkohl mit dem Spatel unter das Paprika-Zucchini-Gemüse heben, mit Salz, Pfeffer und Essig pikant abschmecken und **3 Sekunden/Stufe 3/Linkslauf** durchrühren.
7. Gemüse auf Teller oder Schüsseln verteilen und mit Petersilie bestreut servieren.

Tipp: Je nach Laune können als Gemüse zum »Reis« auch mal Möhren, Fenchel oder Brokkoli dazukommen. Der Blumenkohlreis ist auch hervorragend als Beilage zu Gegrilltem geeignet und kann sogar mit einer Essig-Öl-Marinade kalt gegessen werden.

Kartoffeln in Paprika-Tomaten-Sosse

Für 4 Portionen • Pro Portion: 212 kcal, 5,4 g E, 4,3 g F, 34,6 g KH, 7,1 g Bal

1 große Zwiebel
2 Stängel glatte Petersilie
1 EL Rapsöl
250 g rote Paprikaschoten
1 große Fleischtomate
600 g Kartoffeln
500 ml Gemüsebrühe
1 TL Paprikapulver
geriebene Zitronenschale
Salz, Pfeffer

1. Die Zwiebel abziehen und vierteln. Petersilie waschen, trocken tupfen und die Blätter von den Stängeln zupfen. Beides in den Mixbehälter geben und mit eingesetztem Messbecher **5 Sekunden/Turbo-Taste** zerkleinern. Mit dem Spatel nach unten schieben, das Öl dazugeben und **4 Minuten/Anbrat-Taste** andünsten.
2. Die Paprikaschoten waschen, putzen und grob zerschneiden. Die Tomaten waschen, halbieren und die Stielansätze entfernen. Die Kartoffeln schälen, waschen und in mundgerechte Stücke schneiden.
3. 100 g Kartoffeln, Paprika und Tomaten in den Mixbehälter geben und mit eingesetztem Messbecher **2 Sekunden/Turbo-Taste** zerkleinern. Mit dem Spatel nach unten schieben und Brühe und Paprikapulver dazugeben. Die restlichen Kartoffeln in den Kocheinsatz geben, diesen einsetzen und alles **20 Minuten/Dampfgar-Taste** kochen.
4. Den Kocheinsatz herausnehmen und beiseite stellen. Die Paprika-Tomaten-Soße mit eingesetztem Messbecher **5 Sekunden/Stufe 6** grob pürieren. Mit geriebener Zitronenschale, Salz und Pfeffer abschmecken.
5. Die gedämpften Kartoffeln dazugeben und das Ganze **3 Minuten/80 °C/Stufe 1/ Linkslauf** durchziehen lassen.

Polenta mit Pilzen

Für 4 Portionen • Pro Portion: 284 kcal, 7,4 g E, 4,5 g F, 49,8 g KH, 7,3 g Bal

100 g Lauchzwiebeln
8 Stängel glatte Petersilie
1 TL Salz
1 l Wasser
250 g Maisgrieß (Polenta)
frisch geriebene Muskatnuss
200 g Pfifferlinge oder andere Pilze
30 g Rapsöl oder Butter
Pfeffer

1. Die Lauchzwiebeln putzen, waschen und grob in Stücke schneiden. Die Petersilie waschen, trocken schütteln und die Blätter von den Stängeln zupfen. Beides in den Mixbehälter geben und mit eingesetztem Messbecher **5 Sekunden/Turbo-Taste** zerkleinern. In eine Schüssel umfüllen. Mixbehälter nicht spülen.
2. Salzwasser in den Mixbehälter geben, in **7 Minuten/100 °C/Stufe 1** zum Kochen bringen. **10 Minuten/85 °C/Stufe 1/Linkslauf** einstellen, den Maisgrieß durch die Deckelöffnung einrieseln lassen und weich kochen. Mit Muskatnuss würzen und anschließend noch ca. 15 Minuten zugedeckt ziehen lassen.
3. In der Zwischenzeit die Pilze behutsam mit Küchenpapier putzen und in mundgerechte Stücke schneiden.
4. Das Rapsöl in einer geräumigen beschichteten Pfanne erhitzen und Zwiebeln und Petersilie bei milder Hitze andünsten. Die Pilze dazugeben und unter Rühren weitere 5–6 Minuten garen. Mit Salz und Pfeffer abschmecken.
5. Die Polenta auf 4 Teller verteilen und die Pilze obenaufgeben.

Info: Polenta ist ein Brei aus Maisgrieß, der mit Wasser oder Milch weich gekocht wird. Man kann ihn pur essen oder ca. 2 cm dick auf ein Brett streichen, etwas antrocknen lassen und dann – in Vierecke geschnitten – goldgelb anbraten.

Caponata

Für 4 Portionen • Pro Portion: 257 kcal, 5,6 g E, 18,6 g F, 12,9 g KH, 6,6 g Bal

400 g Auberginen
Salz
20 g Pinienkerne
1 weiße Zwiebel
150 g Staudensellerie
250 g reife Tomaten
2 EL Olivenöl
2 Zweige frische Minze
100 g entsteinte schwarze oder grüne Oliven
20 g eingelegte Kapern
25 g Rosinen
75 ml Rotweinessig
Pfeffer
Zucker

1. Die Auberginen waschen, putzen und in ca. 1,5 cm große Würfel schneiden. In eine Schüssel geben, salzen und zugedeckt stehen lassen, damit sie Wasser ziehen.
2. In der Zwischenzeit die Pinienkerne in einer beschichteten Pfanne ohne Fett rösten und beiseite stellen.
3. Die Zwiebel abziehen und vierteln. Den Staudensellerie waschen, putzen, äußere Stängel eventuell dünn abschälen. Dann in Stücke schneiden. Die Tomaten waschen, vierteln und die Stielansätze herausschneiden.
4. Zwiebel, Sellerie und Olivenöl in den Mixbehälter geben und **4 Sekunden/ Turbo-Taste** zerkleinern. Mit dem Spatel nach unten schieben und **5 Minuten/ Anbrat-Taste** andünsten.
5. Die Auberginen in ein Sieb geben, mit kaltem Wasser abbrausen und gut ausdrücken. Die Minze waschen, trocken schütteln, die Blätter von den Stängeln zupfen und hacken.

6. Auberginen, Tomaten, Oliven, Kapern, Rosinen, Essig und Minze in den Mixbehälter geben und zugedeckt **20 Minuten/90 °C/Stufe 1/Linkslauf** garen.
7. Caponata mit Salz (behutsam, durch die Kapern könnte schon genug Salz im Gericht sein), Pfeffer und etwas Zucker abschmecken, die Pinienkerne unterheben und heiß oder lauwarm zu gegrilltem Fleisch oder mit Ciabatta servieren.

Info: Caponata ist ein Klassiker der sizilianischen Küche, der mittlerweile in ganz Italien in regional verschiedenen Varianten serviert wird. So kommen manchmal auch Paprikaschoten dazu, werden Dosentomaten verwendet oder Mandeln anstelle von Pinienkernen. Oft dabei: Mentuccia, eine sehr kräftige Minze-Art, die es bei uns eher selten gibt und die wegen ihres herben Aromas auch nicht jedermanns Sache ist. Wir haben der Einfachheit halber unsere marktfrische Pfefferminze genommen.

Frittata mit Brokkoli und Möhren

Für 4 Portionen • Pro Portion: 342 kcal, 19,6 g E, 25,6 g F, 6,5 g KH, 3,5 g Bal

250 g Brokkoli
150 g Möhren
500 ml Wasser
6 Eier, Größe M
½ TL gemahlene Kurkuma
Salz, schwarzer Pfeffer
Cayennepfeffer (nach Belieben)
100 g Frischkäse
70 ml Mineralwasser mit Kohlensäure
1 rote Zwiebel
50 g geriebener Parmesan
2 EL Olivenöl

1. Brokkoliröschen von der Staude abschneiden, waschen und in den tiefen Dampfgaraufsatz geben. Brokkolistiele und Möhren schälen, putzen und grob zerschneiden. In den Mixbehälter geben und **4 Sekunden/Stufe 5** zerkleinern. (Alternativ von Hand in Würfel oder Scheiben schneiden.) In den Kocheinsatz geben.
2. Wasser in den Mixbehälter füllen Kocheinsatz einhängen, Dampfgaraufsatz aufsetzen und Möhren und Brokkoli zugedeckt in **10–12 Minuten/Dampfgar-Taste** weich dämpfen. Anschließend Dampfgaraufsatz und Kocheinsatz beiseite stellen und den Mixbehälter leeren.
3. Den Backofen auf 200 °C Ober-/Unterhitze (Umluft weniger geeignet) vorheizen.
4. Eier, Kurkuma, etwas Salz und Pfeffer, nach Belieben Cayennepfeffer, Frischkäse und Mineralwasser in den Mixbehälter geben und **5 Sekunden/Stufe 3** vermischen. Die Zwiebel abziehen, längs halbieren und in feine Streifen schneiden.
5. Olivenöl in einer beschichteten Pfanne erhitzen und die Zwiebelstreifen darin andünsten. Das gedämpfte Gemüse in eine feuerfeste Form (Ø ca. 24 cm) geben, die Zwiebelstreifen darauf verteilen und mit Parmesan bestreuen. Die Eimasse darübergießen und Frittata im vorgeheizten Backofen 20 Minuten backen, bis die Masse vollständig gestockt und am Rand goldgelb ist.

Tipp: Sie können die Frittata als Hauptgericht mit einem gemischten Salat einplanen oder kalt zum Beispiel für ein Buffet verwenden. Auch am Schreibtisch oder auf der Schulbank macht die Frittata »bella figura«

Info: Keine Angst vor Eiern! Ihre hochwertigen Proteine und wichtigen Nährstoffe wie Vitamin A, B-Vitamine und Carotinoide machen sie zu einem wertvollen Lebensmittel.

Gebackene Brokkoli-Bällchen

Für 4 Portionen à 4 Stück • Pro Portion: 305 kcal, 17,2 g E, 13,5 g F, 25,9 g KH, 5,7 g Bal
1 Stück: 76 kcal, 4,3 g E, 3,4 g F, 6,5 g KH, 1,4 g Bal

500 g Brokkoli
500 ml Wasser
3 Lauchzwiebeln
1 Knoblauchzehe
2 Stängel glatte Petersilie
2 Eier, Größe M
100 g Brösel
1 TL getrockneter Majoran
2 EL Olivenöl
Salz, Pfeffer
250 g Quark
1–2 EL Zitronensaft

1. Brokkoli waschen und die Röschen vom Stiel schneiden. Stiel schälen und grob zerteilen. Beides in den Kocheinsatz geben. Wasser in den Mixbehälter füllen, Kocheinsatz einhängen und Brokkoli in **15 Minuten/Dampfgar-Taste** sehr weich dämpfen. Kocheinsatz herausnehmen und Brokkoli etwas abkühlen lassen. Mixbehälter leeren.
2. In der Zwischenzeit Lauchzwiebeln putzen, waschen und mit viel Grün grob zerschneiden. Knoblauchzehe schälen und halbieren. Petersilie waschen, mit Küchenpapier trocken tupfen und die Blätter von den Stängeln zupfen. Alles in den Mixbehälter geben und **5 Sekunden/Turbo-Taste** zerkleinern.
3. Brokkoli, Eier, Brösel, Majoran, 1 EL Olivenöl, Salz und Pfeffer dazugeben und alles zusammen weitere **5 Sekunden/Turbo-Taste** zerkleinern und vermischen.
4. Den Backofen auf 200 °C Ober-/Unterhitze (Umluft 180 °C) vorheizen.

5. Ein Backblech mit Backpapier auslegen. Mit feuchten Händen aus der Brokkolimasse 12 Bällchen formen, auf das Blech legen und im Backofen 20 Minuten backen, bis sie an der Unterseite goldbraun sind.
6. In der Zwischenzeit den Quark in einer Schüssel mit dem restlichen Olivenöl verrühren und mit Zitronensaft und Salz abschmecken. Bällchen auf Teller verteilen und den Quark getrennt dazu reichen.

Tipp: Versuchen Sie mal statt Petersilie Liebstöckel in Ihre Zubereitungen einzubauen. Das macht ein ganz besonderes Aroma! Weil es das fast vergessene Küchenkraut kaum zu kaufen gibt, bauen Sie es am besten selbst auf der Fensterbank an, das funktioniert problemlos. Samen bekommen Sie in Gärtnereien oder im Internet.

Auberginen-Curry

Für 4 Portionen • Pro Portion: 388 kcal, 5,9g E, 31,3g F, 15,2g KH, 11,0g Bal

800g Auberginen
Salz
4 Lauchzwiebeln
1 Stück Ingwer (walnussgroß)
2 Knoblauchzehen
1 Chilischote
1 Fleischtomate
2 Stängel Koriander oder Petersilie
2 EL Rapsöl
je 1 TL gemahlener Koriander, Kreuzkümmel und Kurkuma
1 EL Madras-Currypulver
400ml cremige Kokosmilch
schwarzer Pfeffer
etwas Zitronensaft

1. Die Auberginen waschen, putzen, längs halbieren und in ca. 1 cm breite Scheiben schneiden. Salzen und 15 Minuten ziehen lassen.
2. Die Lauchzwiebeln putzen, waschen und mit viel Grün grob zerschneiden. Ingwer und Knoblauch schälen und vierteln. Die Chilischote waschen, längs halbieren, Stielansatz und Kerne entfernen und die Schote vierteln.
3. Die Tomate waschen, längs halbieren und Stielansatz und Kerne entfernen. Koriander waschen, trocken schütteln, die Blätter von den Stängeln zupfen und beiseite stellen.
4. Rapsöl, Knoblauch, Lauchzwiebeln, Ingwer und Chilischote in den Mixbehälter geben und **5 Sekunden/Turbo-Taste** zerkleinern. Mit dem Spatel nach unten schieben und **4 Minuten/Anbrat-Taste** andünsten.

5. Tomaten und Gewürze mit der Kokosmilch dazugeben und alles **10 Minuten/100 °C/ Stufe 1/Linkslauf** zugedeckt kochen lassen.
6. Die Auberginen ausdrücken, dazugeben und das Ganze weitere **10 Minuten/90 °C/ Stufe 1/Linkslauf** köcheln lassen.
7. Mit Salz, Pfeffer und Zitronensaft abschmecken, auf 4 tiefe Teller verteilen und mit den Korianderblättern bestreut servieren.

Tipp: Für eine besonders aromatische Note im Gericht können Sie statt des gemahlenen Korianders und Kreuzkümmels ganze Samen verwenden, die Sie in einer beschichteten Pfanne ohne Fett anrösten und dann vor Gebrauch im Mixbehälter **30 Sekunden/Stufe 10** mahlen. Erfrischend zum Curry schmeckt ein Gurkensalat, der mit Zitronensaft angemacht und mit frischem Basilikum bestreut wird.

Tofu-Curry mit Gemüse

Für 4 Portionen • Pro Portion: 294 kcal, 10,4 g E, 19,3 g F, 15,5 g KH, 8,4 g Bal

500 g grüne Bohnen
1 rote Paprikaschote
1 kleine Chilischote (nach Belieben)
1 Schalotte
1 Knoblauchzehe
1 Stück Ingwer (walnussgroß)
200 g Tofu
1 EL Rapsöl
2 EL Madras-Currypulver
200 ml Gemüsebrühe
200 ml cremige Kokosmilch
Salz, Pfeffer
1–2 EL Zironensaft

1. Die Bohnen putzen und waschen. Die Paprikaschote waschen, putzen, entkernen und in Streifen schneiden. Chilischote, falls verwendet, waschen, putzen, längs aufschlitzen, die Kerne und Trennhäutchen entfernen und die Schote grob zerschneiden. Schalotte, Knoblauch und Ingwer schälen und ebenfalls grob zerschneiden. Tofu in Würfel schneiden.
2. Das Öl izusammen mit Schalotte, Knoblauch, Ingwer, gegebenenfalls Chilischote und Currypulver in den Mixbehälter geben und **5 Sekunden/Turbo-Taste** zerkleinern. Mit dem Spatel nach unten schieben und **5 Minuten/Anbrat-Taste** andünsten.
3. Bohnen und Paprika dazugeben. Gemüsebrühe und Kokosmilch angießen und Curry zugedeckt **15 Minuten/90 °C/Stufe 1/Linkslauf** köcheln lassen, bis die Bohnen weich sind. Tofu dazugeben und weitere **5 Minuten/90 °C/Stufe 1/Linkslauf** zugedeckt köcheln lassen.
4. Mit Salz, Pfeffer und Zitronensaft pikant abschmecken und auf 4 Teller verteilen.

Tipp: Sie können die Tofuwürfel auch in einer Pfanne mit 1 EL Rapsöl knusprig anbraten und über das fertige Curry streuen. Wer Tofu nicht so gerne mag, kann dieselbe Menge Hähnchenbrust oder Lachsfilet in Würfel schneiden und anbraten. In beiden Fällen können Sie Reste vom Curry 1–2 Tage im Kühlschrank aufbewahren.

Pellkartoffeln mit Zaziki

Für 4 Portionen • Pro Portion: 413 kcal, 14,0 g E, 16,0 g F, 49,9 g KH, 7,2 g Bal

5 Stängel Dill oder glatte Petersilie
2–3 Knoblauchzehen
500 g Salatgurke
200 g griechischer Joghurt
200 g Quark
½ Zitrone
Salz, Pfeffer
3 EL Olivenöl
1 kg neue Kartoffeln
1 l Wasser

1. Den Dill waschen, trocken schütteln und die Blätter von den Stängeln zupfen. In den Mixbehälter geben, Messbecher einsetzen und Dill **3 Sekunden/Turbo-Taste** zerkleinern. Mit dem Spatel nach unten schieben, den Vorgang wiederholen und die Hälfte der Kräuter in eine Schüssel umfüllen.
2. Die Knoblauchzehen schälen, in den Mixbehälter geben (Messbecher!) und **3 Sekunden/Turbo-Taste** zerkleinern. Die Gurke schälen, grob zerschneiden, in den Mixbehälter dazugeben und **2 Sekunden/Turbo-Taste** zerkleinern.
3. Joghurt und Quark zufügen und **7 Sekunden/Stufe 2/Linkslauf** vermischen. Mit Zitronensaft, Salz und Pfeffer abschmecken, in eine Schüssel umfüllen, 1 EL Olivenöl darübergeben und zugedeckt ziehen lassen.
4. Die Kartoffeln waschen und mit einer Bürste reinigen oder schälen. In den Kocheinsatz legen. Wasser in den Mixbehälter füllen, Kocheinsatz einhängen und die Kartoffeln in **30–40 Minuten/Dampfgar-Taste** weich kochen.
5. Die Kartoffeln in eine Schüssel geben, mit dem restlichen Olivenöl begießen und mit den restlichen Kräutern bestreut servieren. Zaziki getrennt dazu reichen.

Möhren-Lauch-Auflauf

Für 4 Portionen • Pro Portion: 352 kcal, 14,3 g E, 16,2 g F, 33,2 g KH , 8,1 Bal

1 große Zwiebel
400 g Möhren
300 g Kartoffeln
2 Stangen Lauch (ca. 300 g geputzt gewogen)
4 Stängel glatte Petersilie
1 Zweig Rosmarin (nach Belieben)
2 EL Rapsöl
100 ml Gemüsebrühe
300 ml Milch
3 Eier, Größe M
40 g Haferflocken
1 gestrichener TL Salz
etwas Fett für die Form

1. Zwiebel abziehen und vierteln. Möhren und Kartoffeln schälen, putzen und grob zerschneiden. Lauch putzen, am oberen Ende aufschlitzen, auffächern, gründlich waschen und grob zerschneiden. Petersilie und – nach Belieben – Rosmarin waschen, mit Küchenpapier trocken tupfen, die Blätter von den Stängeln zupfen.
2. Backofen auf 180 °C Ober-/Unterhitze (Umluft 160 °C) vorheizen.
3. Öl, Zwiebel, Petersilie und Lauch in den Mixbehälter geben und **6 Sekunden/ Turbo-Taste** zerkleinern. Mit dem Spatel nach unten schieben und **6 Minuten/ Anbrat-Taste** andünsten. Dann Möhren und Kartoffeln dazugeben und **3 Sekunden/ Turbo-Taste** zerkleinern.
4. Gemüsebrühe, Milch, Eier, Haferflocken und Salz zufügen und alles **5 Sekunden/ Stufe 2/Linkslauf** vermischen. Eine Auflaufform (Ø ca. 23 cm) dünn einfetten, die Mischung hineingebenund nach Belieben mit Rosmarin bestreuen.
5. Auflauf 45 Minuten im Backofen garen bis die Oberfläche schön goldgelb ist.

Dicke-Bohnen-Püree

4 Portionen • Pro Portion: 282 kcal, 11,9 g E, 8,3 g F, 34,0 g KH, 11,4 g Bal

2 kg frische dicke Bohnen (ersatzweise 800 g TK-Bohnen)
2 Schalotten
2 Knoblauchzehen
1 EL Olivenöl
250 ml Gemüsebrühe
1 rote Zwiebel
2 Stängel Dill
Salz, Pfeffer
etwas Zitronensaft
Zitronenspalten (nach Belieben)

1. Die dicken Bohnen palen bzw. tiefgekühlte auftauen lassen. Die Schalotten und die Knoblauchzehe abziehen, halbieren, zusammen mit dem Olivenöl in den Mixbehälter geben und mit eingesetztem Messbecher **3 Sekunden/Turbo-Taste** zerkleinern. Mit dem Spatel nach unten schieben und **4 Minuten/Anbrat-Taste** andünsten.
2. Die Bohnen dazugeben und **10 Sekunden/Stufe 5** zerkleinern. Die Brühe angießen und alles **12 Minuten/100 °C/Stufe 1** garen. Zwischendurch Bohnengemisch 1–2 Mal mit dem Spatel nach unten schieben.
3. In der Zwischenzeit die Zwiebel abziehen und in Scheiben schneiden. Den Dill waschen, trocken schütteln und die Blättchen von den Stielen zupfen.
4. Die Bohnen **10 Sekunden/Stufe 6** pürieren und mit Salz, Pfeffer und Zitronensaft abschmecken. Püree auf 2 Teller verteilen und mit Zwiebelscheiben und Dill bestreut servieren. Nach Belieben zum Würzen Zitronenspalten darauflegen oder getrennt dazu reichen.

Tipp: Sehr lecker schmecken dazu kleine Lammkoteletts. 2–3 Stück pro Person würzen und in einer beschichteten Pfanne in etwas Olivenöl scharf anbraten.

Letscho

Für 4 Portionen • Pro Portion: 164 kcal, 4,8 g E, 4,9 g F, 19,6 g KH, 11,1 g Bal

1 kg gelbe und rote Paprikaschoten gemischt
500 g Fleischtomaten
2 Zwiebeln
2–3 Knoblauchzehen
1 EL Rapsöl
1 EL Paprikapulver
1 EL Weißweinessig
Salz, Pfeffer

1. Die Paprikaschoten waschen, putzen und grob zerschneiden. 1 oder 2 Schoten nach Belieben in Streifen schneiden – das sieht dann im Gericht hübsch aus. Die Tomaten waschen, halbieren und die Stielansätze entfernen.
2. Die Zwiebeln abziehen und vierteln. Die Knoblauchzehen schälen. Beides mit dem Öl in den Mixbehälter geben und mit eingesetztem Messbecher **5 Sekunden/Turbo-Taste** zerkleinern. Mit dem Spatel nach unten schieben und **5 Minuten/Anbrat-Taste** andünsten. Nach ca. 3 Minuten das Paprikapulver dazugeben und mitdünsten.
3. Mit dem Essig ablöschen und Paprikastücke und Tomaten dazugeben. Messbecher einsetzen und alles zugedeckt **3 Sekunden/Stufe 4** zerkleinern, dann die in Streifen geschnittene Paprika in den Mixbehälter dazugeben und das Ganze **12 Minuten/100 °C/Stufe 1/Linkslauf** kochen.
4. Letscho mit Salz und Pfeffer abschmecken und als Gemüsegericht zum Beispiel mit Salzkartoffeln oder als Beilage zu kurz gebratenen Fleischwurstscheiben servieren.

Info: Das Schmorgericht Letscho – eng verwandt mit der italienischen Peperonata – stammt ursprünglich aus Ungarn. Gern wird es dort mit Graupen, die mitgekocht werden, oder als Beilage zu gebratener Wurst gegessen.

Tipp: Wenn Sie mal auf dem Markt die hellgrün-gelblichen ungarischen Spitzpaprika sehen, dann greifen Sie zu! Mit ihnen wird das Gericht original ungarisch.

Rote-Bete-Buchweizen-Risotto

Für 4 Portionen • Pro Portion: 386 kcal, 12,7 g E, 16,3 g F, 44,8 g KH, 4,7 g Bal

40 g Parmesan
4 Lauchzwiebeln
300 g frische Rote Bete
1 EL Olivenöl
500 ml Gemüsebrühe
1 TL Kümmel
200 g Buchweizen
1 Kästchen Kresse
Salz, Pfeffer
1–2 EL Zitronensaft (nach Belieben)
20 g Butter
20 g Pinienkerne

1. Parmesan grob zerteilen, in den Mixbehälter geben, Messbecher einsetzen und den Käse **8 Sekunden/Stufe 8** reiben. In eine Schüssel umfüllen und beiseite stellen.
2. Die Lauchzwiebeln putzen, waschen und mit viel Grün grob zerkleinern. Die Rote Bete schälen (am besten schützen Sie Ihre Hände mit Einmalhandschuhen – die rote Farbe haftet hartnäckig) und in ca. 2 cm große Würfel schneiden.
3. Lauchzwiebeln und Olivenöl in den Mixbehälter geben und **5 Minuten/Anbrat-Taste** andünsten. Rote Bete dazugeben und zugedeckt **6 Sekunden/Stufe 5** zerkleinern.
4. Buchweizen in ein Sieb schütten, heiß abbrausen und abtropfen lassen. Zur Roten Bete geben, Gemüsebrühe und Kümmel zufügen und **15 Minuten/100 °C/Stufe 1/Linkslauf** weich kochen.
5. Zugedeckt 15–20 Minuten quellen lassen. In der Zwischenzeit die Kresse waschen, gut trocken schütteln und mit einer Schere vom Vlies schneiden.
6. Die Hälfte des Parmesans in das Risotto geben und **3 Minuten/100 °C/Stufe 1/Linkslauf** erwärmen.
7. Mit Salz, Pfeffer und – nach Belieben – Zitronensaft abschmecken und am Schluss noch die Butter mit dem Spatel unterrühren.
8. Risotto auf 4 Teller verteilen und mit dem restlichen Parmesan, der Kresse und den Piniekernen bestreut servieren.

Tipp: Statt des Parmesans obenauf können Sie auch je Teller 2 EL saure Sahne auf den Risotto löffeln. Besonders aromatisch werden die Pinienkerne, wenn Sie diese zuvor in einer beschichteten Pfanne ohne zusätzliches Fett anrösten.

Kohlrabi-Gratin

Für 4 Portionen • Pro Portion: 318 kcal, 25,2 g E, 17,5 g F, 13,3 g KH, 3,4 g Bal

160 g Parmesan
900 g Kohlrabi (vorbereitet gewogen)
500 ml Wasser
Salz
400 ml Milch
2 Eier, Größe M
1 TL gemahlene Kurkuma
schwarzer Pfeffer

1. Den Parmesan grob zerteilen, in den Mixbehälter geben und mit eingesetztem Messbecher **10 Sekunden/Stufe 8** reiben. In eine Schüssel umfüllen und beiseite stellen. Mixbehälter nicht spülen.
2. Den Kohlrabi schälen, putzen, halbieren und die Hälften in ca. 2 mm dicke Scheiben schneiden. Im flachen Dampfgaraufsatz verteilen.
3. Wasser mit etwas Salz in den Mixtbehälter füllen, Dampfgaraufsatz aufsetzen und Kohlrabi in **12–15 Minuten/Dampfgar-Taste** bissfest dämpfen. Dampfgaraufsatz abnehmen und beiseite stellen, den Mixbehälter ausleeren.
4. Den Backofen auf 230 °C Ober-/Unterhitze (Umluft 210 °C) vorheizen.
5. Milch, Ei, Kurkuma, Salz, Pfeffer und die Hälfte des Parmesans in den Mixbehälter geben und mit eingesetztem Messbecher **10 Sekunden/Stufe 5** verquirlen.
6. Die Kohlrabischeiben in einer Quicheform (Ø ca. 24 cm) verteilen, mit der Eimischung begießen und mit dem restlichen Parmesan bestreuen.
7. Gratin im vorgeheizten Backofen 10–12 Minuten goldgelb überbacken. 5 Minuten ruhen lassen, dann gleich in der Form servieren.

Tipp: Auf dieselbe Art können Sie ein leckeres Kartoffelgratin – auch mal mit Süßkartoffeln – zubereiten. Das Gratin kann als Hauptgericht gegessen werden, zum Beispiel mit einem grünen Salat, und würde als Beilage für 6–8 Portionen reichen.

Kürbisragout mit Linsen

Für 4 Portionen • Pro Portion: 263 kcal, 10,9 g E, 4,8 g F, 40,9 g KH, 6,2 g Bal

1 große weiße Zwiebel
1 EL Rapsöl
1 EL Currypulver
1 TL gemahlener Kreuzkümmel
100 g Berglinsen (oder Pardina-Linsen)
500 ml Gemüsebrühe
1 kleiner Hokkaidokürbis (ca. 600 g vorbereitet gewogen)
150 g Möhren
500 ml Wasser
1 große Fleischtomate
2 Stängel glatte Petersilie
Salz, Pfeffer
1–2 EL weißer Essig

1. Die Zwiebel abziehen, vierteln und zusammen mit dem Öl in den Mixbehälter geben. Mit eingesetztem Messbecher **5 Sekunden/Turbo-Taste** zerkleinern. Anschließend mit dem Spatel nach unten schieben und **4 Minuten/Anbrat-Taste** andünsten.
2. Currypulver und Kreuzkümmel durch die Deckelöffnung dazugeben und weitere **2 Minuten/Anbrat-Taste** dünsten.
3. Die Linsen waschen und zusammen mit der Gemüsebrühe in den Mixbehälter geben.
4. Den Kürbis waschen (die Schale kann mitverwendet werden), entkernen und in ca. 1 ½ cm große Würfel schneiden. Die Möhren schälen, putzen und in Scheiben schneiden. Beides in den tiefen Dampfgaraufsatz geben und diesen aufsetzen.
5. Alles zusammen **20–25 Minuten/Dampfgar-Taste** garen. In der Zwischenzeit die Tomate waschen, vierteln, Stielansätze und Kerne entfernen und das Fruchtfleisch in Würfel schneiden. Petersilie waschen, trocken schütteln und die Blätter von den Stängeln zupfen.
6. Kürbis und Möhren zu den Linsen in den Mixbehälter geben, Tomaten dazugeben und das Ganze **4 Minuten/100 °C/Stufe 1/Linkslauf** vermischen. Mit Salz, Pfeffer und Essig abschmecken und mit Petersilie bestreut servieren.

Info: Linsen sind für alle, die kein oder nur wenig Fleisch und Fisch essen, als Eiweißquelle bedeutend. Außerdem gibt ihr hoher Gehalt am Spurenelement Zink dem Stoffwechsel einen kräftigen Schub. Als Mittagsmahlzeit muss man bei einem Linsengericht auch nicht befürchten, dass sich die Kohlenhydrate auf die Hüften schleichen. Außerdem machen Linsen und andere Hülsenfrüchte lange satt – der Nachmittagssnack kann da leicht entfallen.

Linsen-Bolognese mit Penne

Für 4 Portionen • Pro Portion: 346 kcal, 16,6 g E, 6,2 g F, 52,1 g KH , 7,9 Bal

1 Zwiebel
1–2 Knoblauchzehen
1 EL Olivenöl
2 EL Tomatenmark
500 ml Gemüsebrühe
je 1 TL getrockneter Majoran und Oregano
125 g Berglinsen
1 Pck. passierte Tomaten (500 g Einwaage)
200 g Penne oder andere Teigwaren
Salz, Pfeffer
Balsamicoessig oder weißer Essig
1 Pck. Kresse (nach Belieben)

1. Zwiebel und Knoblauchzehen schälen und grob zerkleinern. Mit Öl in den Mixbehälter geben und **3 Sekunden/Turbo-Taste** zerkleinern. Nach unten schieben und **5 Minuten/Anbrat-Taste** anbraten.
2. Tomatenmark dazugeben und **3 Minuten/Anbrat-Taste** mitbraten. Die Brühe angießen, Majoran, Oregano und Linsen dazugeben und alles **15 Minuten/Stufe 1/Linkslauf** kochen lassen.
3. Passierte Tomaten, Penne und 1 TL Salz dazugeben und weitere **15 Minuten/Stufe 1/Linkslauf** al dente kochen. Mit Salz, Pfeffer und Balsamicoessig abschmecken.
4. Auf 4 Teller verteilen und nach Belieben mit Kresse bestreuen.

Tipp: Wenn etwas übrig bleibt, einfach die Linsen-Bolognese eventuell mit etwas Flüssigkeit pürieren. Das gibt einen leckerer Aufstrich für das Pausenbrot oder passt gut zu gekochten Kartoffeln.

Riesenbohnen mit Tomatensosse »sweet and sour«

Für 4 Portionen • Pro Portion: 247 kcal, 10,2 g E, 5,0 g F, 36,5 g KH, 7,6 g Bal

1 Zwiebel
1 Knoblauchzehe
20 g Ingwer
1 EL Olivenöl
2 Dosen gehackte Tomaten (à ca. 400 g Einwaage)
2 EL Ahornsirup
2 EL weißer Essig
Tabasco oder Cayennepfeffer
Salz, Pfeffer
1 Dose Riesenbohnen (ca. 400 g)
4 Stängel glatte Petersilie

1. Die Zwiebel abziehen und vierteln. Knoblauch und Ingwer schälen. Ingwer grob zerkleinern.
2. Mit Öl in den Mixbehälter geben und **5 Sekunden/Turbo-Taste** zerkleinern. Mit dem Spatel nach unten schieben und **5 Minuten/Anbrat-Taste** andünsten.
3. Die Tomaten dazugeben und **15 Minuten/100 °C/Stufe 2** einkochen lassen. Danach nach Belieben **10 Sekunden/Stufe 6** pürieren oder stückig lassen. Ahornsirup und Essig dazugeben. Soße mit Tabasco, Salz und Pfeffer abschmecken.
4. Die Bohnen in ein Sieb geben und kalt abbrausen. In die Tomatensoße geben und **3 Minuten/100 °C/Stufe 1/Linkslauf** darin erwärmen.
5. Währenddessen die Petersilie waschen, mit Küchenpapier trocken tupfen und die Blätter von den Stängeln zupfen.
6. Bohnen mit Soße auf 2 Teller verteilen und mit Petersilie bestreut servieren.

Rote-Linsen-Eintopf mit Möhren

Für 4 Portionen • Pro Portion: 340 kcal, 19,5 g E, 4,8 g F, 48,4 g KH, 12,4 g Bal

1 weiße Zwiebel
1–2 Knoblauchzehen
600 g Möhren
200 g Fleischtomaten
1 EL Olivenöl
1 l Gemüsebrühe
250 g rote Linsen
1 TL gemahlene Kurkuma
4 Zweige Thymian
Salz, wenig Pfeffer
1–2 EL Zitronensaft

1. Zwiebel abziehen und vierteln. Knoblauch schälen. Die Möhren schälen, putzen, waschen und grob zerschneiden. Tomaten waschen, längs vierteln und die Stielansätze entfernen.
2. Olivenöl, Zwiebel und Knoblauch in den Mixbehälter geben und mit eingesetzem Messbecher **5 Sekunden/Turbo-Taste** zerkleinern. Mit dem Spatel nach unten schieben und **6 Minuten/Anbrat-Taste** andünsten. Möhren und Tomaten dazugeben und **4 Sekunden/Turbo-Taste** zerkleinern. Brühe zufügen und das Ganze **10 Minuten/100 °C/Stufe 1** kochen.
3. Die Linsen mit Kurkuma dazugeben und **10–12 Minuten/90 °C/Stufe 1/Linkslauf** köcheln lassen, bis sie weich sind. Eventuell die Kochzeit etwas verlängern.
4. In der Zwischenzeit den Thymian waschen, mit Küchenpapier trocken tupfen und die Blättchen abstreifen.
5. Eintopf mit Salz, Pfeffer und Zitronensaft abschmecken und mit den Thymianblättchen bestreut servieren.

Kichererbseneintopf

Für 4 Portionen • Pro Portion: 306 kcal, 13,0 g E, 10,3 g F, 37,7 g KH, 5,9 g Bal

1 große Zwiebel
2 Knoblauchzehen
1 EL Olivenöl
1 Dose Kichererbsen (ca. 240 g Abtropfgewicht)
2 Dosen gehackte Tomaten (à ca. 400 g Einwaage)
100 g Couscous
400 ml Gemüsebrühe
je ½ TL gemahlener Kreuzkümmel, Koriander und Zimt
100 g Schafskäse
2 Stängel glatte Petersilie
Saft von ½ Zitrone
Salz, wenig Pfeffer

1. Zwiebel abziehen und vierteln. Knoblauch schälen. Mit Olivenöl in den Mixbehälter geben und mit eingesetztem Messbecher **5 Sekunden/Turbo-Taste** zerkleinern. Nach unten schieben und **5 Minuten/Anbrat-Taste** andünsten.
2. Kichererbsen in ein Sieb abgießen und mit Tomaten und Couscous in den Mixbehälter geben. Die Brühe und Gewürze zufügen und alles **10–12 Minuten/90 °C/Stufe 1/Linkslauf** ziehen lassen, bis der Couscous weich ist.
3. In der Zwischenzeit den Schafskäse aus der Packung nehmen und mit einer Gabel zerkleinern. Die Petersilie waschen, mit Küchenpapier trocken tupfen, die Blätter von den Stängeln zupfen und hacken.
4. Zitrone auspressen und Eintopf mit Zitronensaft, Salz und etwas Pfeffer pikant abschmecken und mit Petersilie bestreuen. Den Schafskäse getrennt dazu reichen.

Süsskartoffeln mit Linsen

Für 4 Portionen • Pro Portion: 465 kcal, 20,2 g E, 7,9 g F, 72,6 g KH , 10,9 g Bal

1 große Zwiebel
600 g Süßkartoffeln
200 g Tellerlinsen
1 EL Rapsöl
800 ml Gemüsebrühe
1 gehäufter TL Garam Masala
4 Stängel glatte Petersilie
250 ml Naturjoghurt
etwas Zitronensaft
Salz

1. Die Zwiebel abziehen und vierteln. Süßkartoffeln schälen, in mundgerechte Würfel zerteilen und in den tiefen Dampfgaraufsatz geben. Linsen in ein Sieb geben und kalt abbrausen.
2. Zwiebel mit Rapsöl in den Mixbehälter geben und mit eingesetztem Messbecher **5 Sekunden/Turbo-Taste** zerkleinern. Mit dem Spatel nach unten schieben und **5 Minuten/Anbrat-Taste** andünsten.
3. Linsen, Gemüsebrühe und Garam Masala dazugeben, Dampfgaraufsatz mit den Süßkartoffeln aufsetzen und alle **30 Minuten/95 °C/Stufe 1/Linkslauf** garen. (Kochzeiten in der Packungsanleitung beachten – die können variieren.)
4. In der Zwischenzeit die Petersilie waschen, mit Küchenpapier trocken tupfen, die Blätter von den Stängeln zupfen und hacken.
5. Joghurt in einer Schüssel mit Zitronensaft, Salz und der Hälfte der Petersilie verrühren.
6. Die Süßkartoffeln zu den Linsen geben und **10 Sekunden/Stufe 1/Linkslauf** untermischen. Auf 4 Teller verteilen und mit der restlichen Petersilie bestreuen. Den Kräuterjoghurt obenauf setzen oder getrennt dazu reichen.

Info: Garam Masala ist besonders im Herbst und Winter ein beliebtes Gewürz, denn die Bestandteile dieser nordindischen Würzmischung entfachen in unserem Inneren kuschelige Wärme. Hauptsächlich enthalten sind Kardamom, Nelken, Zimt und Pfeffer. Das »heiße Gewürz« – so die wörtliche Übersetzung – passt immer gut zu Gemüse und Hülsenfrüchten.

Gersteneintopf mit Pilzen

Für 4 Portionen • Pro Portion: 324 kcal, 9,9 g E, 4,7 g F, 56,4 g KH, 8,4 g Bal

1 große Zwiebel
1 EL Rapsöl
300 g Möhren
300 g Kartoffeln
200 g braune Champignons
200 g Rollgerste
1 l Gemüsebrühe
4 Wacholderbeeren
4 Stängel glatte Petersilie
etwas Zitronensaft
Salz, wenig Pfeffer

1. Die Zwiebel abziehen und vierteln. Zusammen mit dem Öl in den Mixbehälter geben und mit eingesetztem Messbecher **5 Sekunden/Turbo-Taste** zerkleinern. Mit dem Spatel nach unten schieben und **6 Minuten/Anbrat-Taste** andünsten.
2. Die Möhren und Kartoffeln schälen, putzen, waschen und in Scheiben bzw. Würfel schneiden. Die Champignons mit Küchenpapier säubern, eventuell die Stiele abschneiden und die Köpfchen in Scheiben schneiden. Beides im tiefen Dampfgaraufsatz verteilen.
3. Die Gerste in ein Sieb schütten und heiß abbrausen. Zur Zwiebel geben und **5 Minuten/100 °C/Stufe 1/Linkslauf** mitdünsten. Die Gemüsebrühe angießen und die Wacholderbeeren einstreuen. Den Dampfgaraufsatz aufsetzen und das Ganze **40 Minuten/90 °C/Stufe 1/Linkslauf** köcheln lassen.
4. Den Dampfgaraufsatz abnehmen und Gemüse und Champignons zur Gerste geben, mit dem Spatel unterheben und in **5 Minuten/80 °C/Stufe 1/Linkslauf** fertig kochen.
5. Die Petersilie waschen und mit Küchenpapier trocken tupfen. Blätter von den Stängeln zupfen und hacken.
6. Eintopf mit Zitronensaft, Salz und wenig Pfeffer abschmecken und mit Petersilie bestreuen.

Tipp: Rollgerste ist nicht nur für Eintöpfe geeignet, sondern ist ebenso eine gute, ballaststoffreiche Beilage zu gekochtem oder gebratenem Fleisch. Man kann die Gerste auch nach Risotto-Art zubereiten: Nach dem Aufkochen zugedeckt bei geringer Hitze 1 Stunde ziehen lassen, bis alles schön cremig ist. Dann mit Olivenöl (oder Butter) und Parmesan abschmecken.

Perlgraupeneintopf

Für 4 Portionen • Pro Portion: 408 kcal, 9,3 g E, 12,0 g F, 61,6 g KH, 8,0 g Bal

1 Zwiebel
2 EL Olivenöl
200 g Knollensellerie
300 g Möhren
1 kleine Stange Lauch
1 ½ l Gemüsebrühe oder Wasser
200 g Perlgraupen
1 Lorbeerblatt
2 Gewürznelken
1 Dose weiße Bohnen (ca. 250 g Abtropfgewicht)
Salz, Pfeffer
150 ml saure Sahne oder Schmand
Schnittlauch in Röllchen (nach Belieben)

1. Die Zwiebel abziehen und vierteln. Sellerie und Möhren schälen, putzen und grob zerschneiden. Lauch putzen, am oberen Ende aufschlitzen, auffächern und gründlich waschen. Mit viel Grün in Ringe schneiden.
2. Zwiebel mit Öl in den Mixbehälter geben und mit eingesetztem Messbecher **5 Sekunden/Turbo-Taste** zerkleinern. Mit dem Spatel nach unten schieben und **4 Minuten/Anbrat-Taste** andünsten.
3. Das vorbereitete Gemüse dazugeben und **3 Sekunden/Turbo-Taste** zerkleinern. Bei Bedarf den Vorgang wiederholen. Mit dem Spatel nach unten schieben und alles zusammen weitere **4 Minuten/Anbrat-Taste** dünsten.
4. Die Brühe angießen, Perlgraupen, Lorbeerblatt und Gewürznelken dazugeben und zugedeckt **30 Minuten/85 °C/Stufe 1/Linkslauf** garen. Wenn die Perlgraupen noch nicht bissfest sind, Kochzeit um 5–10 Minuten verlängern. Die Bohnen dazugeben und **4 Minuten/85 °C/Stufe 1/Linkslauf** heiß werden lassen.
5. Lorbeerblatt und Gewürznelken nach Möglichkeit entfernen. Eintopf mit Salz und Pfeffer abschmecken und zum Verfeinern die saure Sahne **5 Sekunden/Stufe 1/ Linkslauf** einrühren.
6. Auf 4 Teller verteilen und nach Belieben mit Schnittlauch bestreuen.

Tipp: Zu den Graupen passt gut Schinken. Sie können zum Beispiel 200 g gekochten Schinken klein würfeln und am Schluss im Eintopf zusammen mit den Bohnen erhitzen. Wer mag, kann auch rohe Hähnchen- oder Putenbrust würfeln und von Anfang an mitkochen.

Info: Graupen sind die geschälten und polierten Körner der Gerste. Für eine Vollwerternährung ist Rollgerste aus ganzen Körnern besser geeignet, sie hat aber längere Kochzeiten. Feiner und praktischer sind die Perlgraupen, wofür die Körner in Form geschnitten werden.

Hähncheneintopf mit Gnocchi

Für 4 Portionen • Pro Portion: 343 kcal, 18,5 g E, 15,0 g F, 30,6 g KH, 6,0 g Bal

1 kleine Stange Lauch (ca. 100 g vorbereitet gewogen)
1 EL Rapsöl
100 g Möhren
150 g Pastinaken
250 g Hähnchenbrust
200 g Gnocchi (aus dem Kühlregal)
500 ml Geflügelbrühe oder -fond (Fertigprodukt)
2 Stängel glatte Petersilie
150 ml Sahne
Salz, Pfeffer
Zitronensaft (nach Belieben)

1. Den Lauch putzen, längs aufschlitzen und gründlich waschen. Grob in Stücke schneiden, dabei viel vom dunklen Grün verwenden. In den Mixbehälter geben und mit eingesetztem Messbecher **5 Sekunden/Turbo-Taste** zerkleinern. Eventuell den Vorgang wiederholen. Mit dem Spatel nach unten schieben, das Öl dazugeben und **5 Minuten/Anbrat-Taste** andünsten.
2. In der Zwischenzeit die Möhren und Pastinaken putzen, schälen, waschen und grob in Stücke schneiden. Die Hähnchenbrust in Würfel schneiden und in den Kocheinsatz legen. Die Gnocchi auspacken und obenauf legen.
3. Möhren und Pastinaken in den Mixtbehälter geben und **3 Sekunden/Turbo-Taste** zerkleinern. Die Brühe angießen und den Kocheinsatz einhängen. Das Ganze **20 Minuten/Dampfgar-Taste** garen.
4. Die Petersilie waschen, trocken schütteln, die Blätter von den Stielen zupfen und hacken.
5. Den Kocheinsatz herausnehmen und Hähnchenfleisch und Gnocchi zum Eintopf geben. Die Sahne dazugießen und **7 Sekunden/Stufe 1/ Linkslauf** vermischen.
6. Eintopf mit Salz, Pfeffer und nach Belieben Zitronensaft abschmecken, auf 4 Teller verteilen und mit der Petersilie bestreut servieren.

Hähnchengulasch mit Kichererbsen und Möhren

Für 4 Portionen • Pro Portion: 242 kcal, 22,8 g E, 7,3 g F, 17,9 g KH, 7,1 g Bal

1 große Zwiebel
2 Knoblauchzehen
300 g Möhren
300 g Hähnchenbrust
1 EL Rapsöl
1 EL Paprikapulver (rosenscharf oder edelsüß)
800 ml Gemüsebrühe (oder Hühnerbrühe)
4 Stängel krause Petersilie
265 g gekochte Kichererbsen (aus dem Glas)
Salz, Pfeffer

1. Die Zwiebel abziehen und vierteln. Die Knoblauchzehen schälen. Die Möhren schälen, putzen, waschen und in ca. 5 mm dicke Scheiben schneiden.
2. Die Hähnchenbrust waschen, mit Küchenpapier trocken tupfen und in mundgerechte Würfel zerteilen.
3. Zwiebel und Knoblauch mit dem Öl in den Mixbehälter geben und **5 Sekunden/Turbo-Taste** zerkleinern. Mit dem Spatel nach unten schieben und mit eingesetztem Messbecher **5 Minuten/Anbrat-Taste** andünsten. Paprikapulver dazugeben und **1 Minute/Anbrat-Taste** kurz mitbraten.
4. Möhren, Hähnchenbrust und Brühe dazugeben. Dann bei milder Hitze **30 Minuten/85 °C/Stufe 1/Linkslauf** sanft köcheln lassen, bis die Möhren weich sind und das Fleisch gar ist.
5. In der Zwischenzeit die Petersilie waschen, trocken schütteln und die Blätter von den Stängeln zupfen. Die Kichererbsen in ein Sieb geben, kalt abbrausen und abtropfen lassen. Kichererbsen in den Mixbehälter geben und alles zusammen weitere **5 Minuten/85 °C/Stufe 1/Linkslauf** köcheln lassen.
6. Das Gulasch mit Salz und Pfeffer abschmecken, auf 4 Teller verteilen und mit Petersilie bestreut servieren.

Tipp: Gulasch kann man immer gleich für mehrere Portionen kochen, auch wenn vielleicht nur eine oder zwei Portionen gleich gegessen werden. Es lässt sich nämlich prima einfrieren oder ein paar Tage im Kühlschrank aufbewahren und schmeckt aufgewärmt noch mal so gut.

Dim Sum

Für 4 Portionen (40 Stück) • Pro Portion: 315 kcal, 29,8 g E, 5,1 g F, 35,8 g KH, 3,1 g Bal

40 Dim-Sum- oder Wan-Tan-Blätter (tiefgekühlt im Asialaden)
400 g Hähnchenbrust
100 g Shiitakepilze
2 Lauchzwiebeln
1 Stück frischer Ingwer (walnussgroß)
1 Knoblauchzehe
3 EL Sojasoße
etwas Mehl für die Arbeitsfläche
500 ml Wasser

1. Teigblätter zugedeckt (damit sie nicht austrocknen) auftauen lassen. Hähnchenfleisch in 2,5 cm große Würfel schneiden, in einem Tiefkühlbeutel flach ausbreiten und für 1 Stunde in den Tiefkühler geben. (Dadurch lässt es sich dann besser zerkleinern.)
2. Pilze mit einer Pilzbürste oder Küchenpapier säubern. Lauchzwiebel abziehen und grob zerschneiden. Ingwer und Knoblauch schälen und grob hacken.

3. Zwiebel, Ingwer und Knoblauch in den Mixbehälter geben und mit eingesetztem Messbecher **5 Sekunden/Turbo-Taste** zerkleinern. Mit dem Spatel nach unten schieben und den Vorgang wiederholen. Das Hähnchenfleisch dazugeben und **5 Sekunden/Turbo-Taste** zerkleinern. Mit dem Spatel nach unten schieben.
4. Pilze und Sojasoße zufügen und **3 Sekunden/Turbo-Taste** zerkleinern und dabei vermischen.
5. Backpapier für den tiefen und flachen Dampfgaraufsatz zurechtschneiden und mit einem Zahnstocher mehrmals einstechen. Anfeuchten und die Aufsätze damit auslegen.
6. Teigblätter auf einer mit Mehl bestäubten Arbeitsfläche auslegen. Je einen gehäuften TL der Füllung in die Mitte eines Teigblattes setzen, die Ränder mit Wasser befeuchten, über der Füllung einschlagen und an den Spitzen etwas zusammendrehen. Im den beiden Dampfgaraufsätzen verteilen.
7. Wasser in den Mixbehälter geben, Dampfgaraufsätze aufsetzen und **30 Minuten/ Dampfgar-Taste** dämpfen.

Info: Die ursprünglich kantonesischen Teigtaschen Dim Sum (Übersetzt: kleine Leckerbissen, die von Herzen gemacht sind) werden traditionell in kleinen, übereinandergestapelten Bambuskörbchen gedämpft und serviert. Das Stapeln können SIe mit dem Kocheinsatz und den beiden Dampfgaraufsätzen perfekt nachahmen.
Damit sorgen Sie für kulinarische Überaschungen: Hackfleisch, Garnelen, Hähnchen, Gemüse, Pilze – auch süße Varianten sind möglich –, Ihren Vorlieben sind keine Grenzen gesetzt.
Die Dampfgaraufsätze sind aber nicht nur für die chinesischen Leckerbissen geeignet. Sie können auch Tortellini, Pelmini, Piroggen oder Manti darin dämpfen, während Suppe oder Soße im Mixbehälter köcheln. Der Monsieur Cuisine ist international!

Putencurry »Vindaloo«

Für 4 Portionen • Pro Portion: 398 kcal, 39,3 g E, 21,3 g F, 10,8 g KH, 3,1 g Bal

1 große Zwiebel
2 Knoblauchzehen
1 Stück Ingwer (walnussgroß)
1 rote Peperonischote
2 Stängel glatte Petersilie oder Koriander
2 EL Rapsöl
2 EL Tomatenmark
250 g Tomaten
600 g Putenbrust
200 ml Gemüse- oder Geflügelbrühe
1–2 EL Madras-Currypulver (scharf) oder Garam Masala (milder)
200 ml cremige Kokosmilch
Salz

1. Zwiebel abziehen und vierteln. Knoblauchzehen schälen. Ingwer schälen und grob hacken.
2. Die Peperonischote waschen, längs aufschlitzen und Kerne und Rippen (dort sitzt die meiste Schärfe) entfernen. Fruchtfleisch grob zerschneiden. Die Petersilie waschen, mit Küchenpapier trocken tupfen, die Blätter von den Stängeln zupfen und hacken.
3. Zwiebel, Knoblauch, Ingwer und Peperoni mit dem Öl in den Mixbehälter geben und mit eingesetztem Messbecher **5 Sekunden/Turbo-Taste** zerkleinern. Mit dem Spatel nach unten schieben und **5 Minuten/Anbrat-Taste** andünsten.
4. Das Tomatenmark dazugeben und weitere **2 Minuten/Anbrat-Taste** dünsten.
5. Die Tomaten waschen, halbieren und die Stielansätze herausschneiden. Das Putenfleisch in mundgerechte Stücke schneiden.

6. Tomaten, Fleisch, Brühe und Curry in den Mixbehälter geben und alles zugedeckt **50 Minuten/85 °C/Stufe 1/Linkslauf** schmoren.
7. Die Kokosmilch dazugießen und das Ganze **3 Minuten/100 °C/Stufe 1/Linkslauf** erhitzen. Mit Salz abschmecken, auf 4 Teller verteilen und mit Petersilie oder Koriander bestreut servieren.

Tipp: Ca. 200 g gesalzener Joghurt oder Skyr passen gut dazu und kühlen, sollte das Gericht zu scharf geworden sein.
Den Reis als Beilage können Sie während der Kochzeit in einem Topf am Herd zubereiten. Rechnen Sie mit 60 g rohem Reis pro Portion und der doppelten Menge Wasser. Den Reis in ein Sieb geben und abbrausen. Mit dem Wasser in einen Topf geben, aufkochen lassen und dann bei geringer Hitze zugedeckt garen, bis sich an der Oberfläche »Löcher« zeigen. Mit einer Gabel auflockern und offen ausdampfen lassen.

Putengeschnetzeltes mit Pilzen und Tomaten

Für 4 Portionen • Pro Portion: 283 kcal, 40,3 g E, 9,7 g F, 7,1 g KH, 3,3 g Bal

600 g Putenbrust
300 g Pilze (z. B. Shiitake, Pfifferlinge oder Champignons)
1 Zwiebel
1 EL Rapsöl
1 gehäufter TL Paprikapulver (rosenscharf oder edelsüß)
300 ml Gemüsebrühe
4 Stängel krause Petersilie
200 g Cocktailtomaten
1 TL Stärkemehl (Guarkernmehl, Agar-Agar oder Soßenbinder)
50 ml Schlagsahne oder Crème fraîche
Salz, Pfeffer

1. Die Putenbrust in ca. 1 ½ cm dicke Streifen schneiden. Die Pilze putzen und mit Küchenpapier abreiben. Größere Exemplare halbieren oder vierteln. Abgeschnittene, saubere Stiele können verwendet werden. Fleisch in den Kocheinsatz geben und die Pilzköpfchen obenauf legen.
2. Die Zwiebel abziehen und vierteln. In den Mixbehälter geben, eventuell vorhandene Pilzstiele dazugeben und mit eingesetztem Messbecher **5 Sekunden/Turbo-Taste** zerkleinern. Mit dem Spatel nach unten schieben, Rapsöl und Paprikapulver dazugeben und **4 Minuten/Anbrat-Taste** andünsten.
3. Die Brühe dazugießen, den Kocheinsatz einhängen und das Ganze zugedeckt **20 Minuten/100 °C/Dampfgar-Taste** garen.
4. In der Zwischenzeit die Petersilie waschen, trocken schütteln und die Blätter von den Stielen zupfen. Die Tomaten waschen,vierteln und die Stielansätze entfernen.
5. Den Kocheinsatz herausnehmen und beiseite stellen. Stärkemehl in den Mixbehälter einstreuen und **30 Sekunden/100 °C/Stufe 3** einrühren. Pilze, Putenfleisch (mit einer Gabel etwas auseinanderzupfen, denn die Stücke kleben durch das ausgetretene Eiweiß zusammen), Tomaten und Sahne in die Soße geben und alles **1 Minute/100 °C/Stufe 1/Linkslauf** vermischen und erhitzen.
6. Geschnetzeltes mit Salz und Pfeffer abschmecken, auf 4 Teller verteilen und mit Petersilie bestreuen.

Tipp: Das Geschnetzelte kann gut 2–3 Tage im Kühlschrank aufbewahrt werden. Bei milder Hitze aufgewärmt, schmeckt es fast noch besser.

Pulled Pork

Die Herstellung der beliebten Füllung für Burger oder Brötchen ist mit Ihrem Monsieur Cuisine ein Kinderspiel. Slow Cooking heißt die Methode, bei der – nach Belieben zuvor 12 Stunden mariniertes Schweinefleisch – 3–6 Stunden im Dampfgaraufsatz schmort. Um im Mixbehälter zu schmoren, brauchen Sie eine Messerabdeckung (WunderCap®), die Sie auch für Sous-vide-Zubereitung verwenden können. Erhältlich im Internet und in einigen Baumärkten für Monsieur connect, Trend, Smart und Edition plus.

Für ca. 6 Portionen • Pro Portion: 469 kcal, 32,1 g E, 27,4 g F, 22,5 g, 1,8 g Bal KH

1 rote Zwiebel
1 Knoblauchzehe
1 Zweig Rosmarin oder 3 Zweige Thymian
2 TL geräuchertes Paprikapulver
½–1 TL Chiliflocken (nach Belieben)
400 ml Barbecuesoße (Fertigprodukt)
400 ml Rinderfond
150 ml Wasser
Salz, Pfeffer
600 g Schweinenacken oder -schulter
2 EL scharfer Senf
Balsamessig (nach Belieben)

1. Die Zwiebel abziehen und vierteln. Knoblauchzehe schälen. Rosmarin waschen, mit Küchenpapier trocken tupfen und die Nadeln vom Stängel zupfen. Zwiebel, Knoblauch und Rosmarin in den Mixbehälter geben und mit eingesetztem Messbecher **4 Sekunden/Turbo-Taste** zerkleinern. Mit dem Spatel nach unten schieben.
2. Paprikapulver, Chiliflocken, 350 ml Barbecuesoße, Rinderfond, Wasser, Salz, Pfeffer in den Mixbehälter geben. Den Schweinenacken rundherum mit Senf einstreichen. Im Ganzen in den tiefen Dampfgaraufsatz legen und **2 oder 3 × 90 Minuten/95 °C/ Stufe 1** garen. Zwischendurch kontrollieren, ob noch genügend FLüssigkeit im Mixbehälter ist und gegebenenfalls mit Wasser auffüllen.

3. Fleisch herausnehmen und die Garflüssigkeit durch ein Sieb in eine Schüssel geben. Fleisch in 6 Stücke schneiden und in 2 Portionen jeweils **4 Sekunden/Stufe 4** zerkleinern. Alternativ können Sie das Fleisch auch mithilfe von 2 Gabeln auseinanderzupfen.
4. Zerkleinertes Fleisch mit der restlichen Barbecuesoße und 50 ml Garflüssigkeit in den Mixtopf geben und **4 Sekunden/Stufe 3/Linkslauf** vermischen. Mit Salz, Pfeffer und nach Belieben Balsamessig abschmecken.

Tipp: Die restliche Garflüssigkeit kann mit Soßenbinder eingedickt und getrennt zum Pulled Pork gereicht werden. Wer das Fleisch zuvor marinieren möchte, kann eine Gewürzmischung verwenden, die unter dem Namen »Rub« von verschiedenen Herstellern im Handel ist.

Thai-Curry mit Schweinefleisch

Für 4 Portionen • Pro Portion: 615 kcal, 26,4 g E, 46,2 g F, 19,4 g KH, 7,7 g Bal

1 kleine Zwiebel
2 Knoblauchzehen
1 Chilischote (nach Belieben)
200 g Auberginen
400 g Schweinefleisch (z. B. aus der Schulter)
1 EL Rapsöl
1 EL rotes Thai-Currypulver (oder -paste)
100 ml Gemüsebrühe
400 ml cremige Kokosmilch
20 g Rosinen (oder Korinthen)
80 g Cashewkerne (oder Erdnüsse)
4 Stängel frischer Koriander (oder glatte Petersilie)
Salz, Pfeffer

1. Zwiebel abziehen und vierteln. Knoblauchzehen schälen. Die Chilischote, sofern verwendet, waschen, putzen, längs halbieren und Kerne und Trennhäutchen entfernen. Fruchtfleisch grob zerschneiden. Die Auberginen waschen, putzen, längs vierteln und in ca. 1 cm breite Scheiben schneiden. Das Fleisch in mundgerechte Stücke zerteilen.
2. Öl mit Zwiebel, Knoblauch und Chilischote in den Mixbehälter geben und mit eingesetztem Messbecher **4 Sekunden/Turbo-Taste** zerkleinern. Mit dem Spatel nach unten schieben und **4 Minuten/Anbrat-Taste** andünsten. Curry dazugeben und **2 Minuten/Anbrat-Taste** leicht anbraten.
3. Gemüsebrühe, Kokosmilch, Rosinen und Fleisch in den Mixbehälter geben. Die Auberginenscheiben in den flachen Dampfgaraufsatz legen und diesen aufsetzen.
4. Alles zusammen **30 Minuten/85 °C/Stufe 1/Linkslauf** sanft schmoren.
5. In der Zwischenzeit die Cashewkerne in einer beschichteten Pfanne ohne Fett rösten. Den Koriander waschen, mit Küchenpapier trocken tupfen und die Blätter von den Stängeln zupfen.
6. Den Dampfgaraufsatz abnehmen, die Auberginen in den Mixbehälter umfüllen und mit dem Spatel unterheben. Das Gericht mit Salz und Pfeffer abschmecken, auf 4 Teller verteilen und mit Cashewkernen und Koriander bestreut servieren.

Tipp: Original thailändisch wird das Gericht, wenn Sie im Asialaden auch noch 2 Kaffirlimettenblätter und 1 Stück Galgant (walnussgroß) auftreiben können. Beides wird klein geschnitten und zusammen mit Zwiebel und Knoblauch angebraten.

Spaghetti Bolognese

Für 8 Portionen • Pro Portion: 247 kcal, 14,3 g E, 17,1 g F, 7,8 g KH, 2,5 g Bal

1 Zwiebel
2–3 Knoblauchzehen
2 EL Olivenöl
200 g Knollensellerie
200 g Petersilienwurzeln oder Pastinaken
100 g Speckwürfel
50 g Tomatenmark
500 g Rinderhackfleisch
1 EL getrockneter Majoran
1 EL getrockneter Oregano
2 Dosen stückige Tomaten (à ca. 400 g)
Salz, Pfeffer

1. Zwiebeln abziehen und vierteln. Knoblauchzehen schälen. Beides mit dem Olivenöl in den Mixbehälter geben und mit eingesetztem Messbecher **5 Sekunden/Turbo-Taste** zerkleinern. Mit dem Spatel nach unten schieben und **4 Minuten/Anbrat-Taste** andünsten.
2. Sellerie und Petersilienwurzeln schälen, putzen und grob zerschneiden. In den Mixbehälter geben und **7 Sekunden/Stufe 5** zerkleinern. Mit dem Spatel nach unten schieben. Die Speckwürfel und das Tomatenmark dazugeben, **2 Sekunden/Stufe 3** vermischen und alles **4 Minuten/Anbrat-Taste** dünsten.
3. Das Hackfleisch mit einer Gabel zerpflücken und in den Mixbehälter geben. Majoran, Oregano und Tomaten dazugeben, den Kocheinsatz als Spritzschutz aufsetzen und das Ganze in **12 Minuten/100 °C/Stufe 1/Linkslauf** zum Kochen bringen. Dann die Hitze reduzieren und Soße **20 Minuten/85 °C/Stufe 2/Linkslauf** fertig kochen.
4. Mit Salz und Pfeffer abschmecken und zu gekochten Spaghetti oder anderen Teigwaren servieren.

Info: Wir haben das Rezept gleich für 8 Portionen ausgelegt, denn die Bolognese kann man gut einfrieren oder aufwärmen.
Die Spaghetti dazu (nicht in den Nährwerten enthalten) bereiten Sie am besten nach Packungsanleitung auf dem Herd zu, während die Soße fertig kocht.

Gulaschsuppe mit Gemüse

Für 4 Portionen • Pro Portion: 349 kcal, 24,2 g E, 17,7 g F, 19,8 g KH, 7,1 g Bal

1 große Zwiebel
2 Knoblauchzehen
1 rote Peperonischote (nach Belieben)
1 EL Rapsöl
400 ml Gemüse- oder Fleischbrühe
400 g Rinds- oder Schweinegulasch (möglichst in Bio-Qualität)
2 EL Paprikapulver edelsüß (nach Belieben einen Teil davon rosenscharf)
1 rote Paprikaschote
100 g Rispentomaten
100 g Möhren
200 g Kartoffeln
4 Stängel glatte Petersilie
Salz, Pfeffer

1. Die Zwiebel abziehen und vierteln. Knoblauchzehen schälen. Peperonischote waschen, längs aufschlitzen, Kerne entfernen und Schote vierteln. Zwiebel, Knoblauch und Peperoni mit dem Rapsöl in den Mixbehälter geben und mit eingesetztem Messbecher **5 Sekunden/Turbo-Taste** zerkleinern. Mit dem Spatel nach unten schieben und **3 Minuten/Anbrat-Taste** andünsten.
2. 100 ml Brühe angießen und alles mit eingesetztem Messbecher **10 Sekunden/Stufe 6** pürieren. Fleisch und Paprikapulver dazugeben und **5 Minuten/Anbrat-Taste** andünsten. Mit der restlichen Brühe aufgießen und Suppe **30 Minuten/90 °C/Stufe 1/Linkslauf** sanft garen.
3. In der Zwischenzeit die Paprikaschote waschen, putzen und in Rauten schneiden. Die Tomaten waschen, halbieren, Stielansätze und Kerne entfernen und das Fruchtfleisch klein schneiden. Möhren und Kartoffeln schälen, putzen, waschen und würfeln.
4. Das vorbereitete Gemüse zur Suppe geben und weitere **18–20 Minuten/90 °C/Stufe 1/Linkslauf** weich kochen.
5. Die Petersilie waschen, trocken schütteln und die Blätter von den Stängeln zupfen.
6. Die Suppe mit Salz und Pfeffer abschmecken und mit der Petersilie bestreut servieren.

Tipp: Wenn die Suppe doch mal zu scharf geworden ist, hilft 1 EL saure Sahne obenauf.

Rindfleischbällchen in Tomatensosse

Für 4 Portionen • Pro Portion: 494 kcal, 29,1 g E, 32,0 g F, 9,7 g KH, 3,0 g Bal

1 große Zwiebel
2 Knoblauchzehen
4 Stängel glatte Petersilie
800 g reife, aromatische Tomaten
40 g Parmesan
2 EL Rapsöl
200 g Rinderhackfleisch
1 Ei, Größe M
Salz, Pfeffer
15 g Tomatenmark (nach Belieben)

1. Die Zwiebel abziehen und halbieren, Knoblauchzehen schälen. Die Petersilie waschen, mit Küchenpapier trocken tupfen und die Blätter von den Stielen zupfen. Die Tomaten waschen, vierteln und die Stielansätze entfernen.
2. Den Parmesan in den Mixbehälter geben und mit eingesetztem Messbecher **10 Sekunden/Stufe 9** raspeln. In eine kleine Schüssel umfüllen. Den Mixbehälter nicht spülen.
3. ½ Zwiebel, 1 Knoblauchzehe und die Petersilie in den Mixbehälter geben und mit eingesetztem Messbecher **3 Sekunden/Turbo-Taste** zerkleinern. Mit dem Spatel nach unten schieben und Vorgang wiederholen. 1 EL Öl dazugeben und alles **5 Minuten/Anbrat-Taste** andünsten.
4. Rinderhackfleisch, Ei, Parmesan, Salz und Pfeffer hinzugeben und **10 Sekunden/Stufe 3/Linkslauf** vermischen. Fleischmasse in eine Schüssel umfüllen. Den Mixtopf spülen und abtrocknen.
5. Den flachen Dampfgaraufsatz mit Backpapier auslegen und dieses befeuchten – dabei die seitlichen Schlitze zur Dampfzirkulation frei lassen. Aus dem Hackfleischgemisch mit feuchten Händen 12 kleine Bällchen formen und diese in den flachen Dampfgaraufsatz legen.
6. Die restliche Zwiebel und 1 Knoblauchzehe in den Mixbehälter geben und mit eingesetztem Messbecher **3 Sekunden/Turbo-Taste** zerkleinern. Mit dem Spatel nach unten schieben, das restliche Öl dazugeben und Gemüse **5 Minuten/Anbrat-Taste** andünsten. Die Tomaten und – nach Belieben – das Tomatenmark dazugeben und mit eingesetztem Messbecher **10 Sekunden/Stufe 6** zu einer Soße pürieren.
7. Den Dampfgaraufsatz aufsetzen und die Fleischbällchen über der Tomatensoße **20 Minuten/100 °C/Stufe 1** garen. Zum Servieren die Fleischbällchen in tiefe Teller geben und mit der Soße übergießen.

Tipp: Die Tomatensoße können Sie gut auf Vorrat zubereiten und dann die Fleischbällchen nach Belieben auch mal in der Pfanne braten und mit der Soße servieren.

Portobello mit Rinderhackfleisch

Für 4 Portionen • Pro Portion (3 Stück): 472 kcal, 29,0 g E, 38,8 g F, 1,1 g KH, 1,2 g Bal

125 g alter Gouda
1 Knoblauchzehe
12 Portobello-Champignons oder 200 g große weiße Champignons
2 Stängel glatte oder krause Petersilie
1 TL Rosmarinnadeln
600 g Rinderhackfleisch
Salz, Pfeffer
3 EL Olivenöl
2 EL Zitronensaft

1. Den Backofen auf 180 °C Ober-/Unterhitze (Umluft 160 °C) vorheizen.
2. Den Käse grob zerschneiden, in den Mixbehälter geben und mit eingesetztem Messbecher **8 Sekunden/Stufe 8** reiben. In eine Schüssel umfüllen und beiseite stellen. Mixbehälter nicht spülen.
3. Knoblauch schälen. Die Stiele aus den Champignons herausdrehen. Pilzköpfe mit Küchenpapier abreiben. Petersilie waschen, mit Küchenpapier trocken tupfen und die Blätter vom Stängel zupfen.
4. Knoblauch, Champignonstiele, die Hälfte der Petersilie und den Rosmarin in den Mixbehälter geben und mit eingesetztem Messbecher **5 Sekunden/Stufe 7** zerkleinern. Mit dem Spatel nach unten schieben und den Vorgang wiederholen.
5. Das Hackfleisch, Käse, Salz, Pfeffer und Öl dazugeben und **45 Sekunden/Kneten** vermischen. Die Mischung in die Pilze füllen und diese auf ein mit Backpapier ausgelegtes Blech setzen.
6. Pilze 20 Minuten im Ofen backen, bis die Oberfläche leicht gebräunt ist. Nach Belieben noch kurz den Grill zuschalten. Mit der restlichen Petersilie bestreuen, mit Zitronensaft beträufeln und heiß oder lauwarm servieren.

Fischragout mit Safran und Kokosmilch

Für 4 Portionen • Pro Portion: 456 kcal, 21,4g E, 34,7g F, 12,6g KH, 3,9g Bal

500g Seelachs- oder Kabeljaufilet
1 EL Zitronensaft
1 Stück Ingwer (walnussgroß)
1 Bund Lauchzwiebeln
2 Fleischtomaten
1 EL Rapsöl
300 ml Gemüsebrühe oder Fischfond
400 ml cremige Kokosmilch
1 TL Kurkuma
1 Döschen Safran
Salz, Pfeffer

1. Den Fisch mit Küchenpapier trocken tupfen, in mundgerechte Stücke schneiden und mit Zitronensaft beträufelt 15 Minuten ziehen lassen.
2. In der Zwischenzeit den Ingwer schälen und vierteln. Die Lauchzwiebeln abziehen, waschen, das Grün in Ringe schneiden und beiseite legen, die weißen Stängel vierteln. Die Tomaten waschen, vierteln, die Stielansätze und Kerne entfernen und das Fruchtfleisch in Streifen schneiden.
3. Ingwer, das Weiße der Lauchzwiebeln und Öl in den Mixbehälter geben und mit eingesetztem Messbecher **3 Sekunden/Turbo-Taste** zerkleinern. Mit dem Spatel nach unten schieben und alles **5 Minuten/Anbrat-Taste** andünsten.
4. Gemüsebrühe, Kokosmilch, Kurkuma und Safran in den Mixtopf geben. **10 Minuten/100 °C/Stufe 1** offen köcheln lassen.
5. Die Tomatenstreifen dazugeben. Die Fischstücke salzen und pfeffern und in den Kocheinsatz legen. Diesen einhängen und alles zusammen **8 Minuten/Dampfgar-Taste** dämpfen. Mit Salz und Pfeffer abschmecken.
6. Die Safran-Kokos-Soße auf 4 tiefe Teller verteilen, den Fisch daraufgeben und mit den grünen Zwiebelringen bestreut servieren.

Lammlachse in Wirsingblättern

Für 4 Portionen • Pro Portion: 351 kcal, 28,3 g E, 18,1 g F, 15,7 g KH, 6,1 Bal

1 kleiner Wirsing (ca. 800 g)
750 ml Wasser
1 große Zwiebel
2 Stängel Dill oder Majoran (oder jeweils 1 flacher EL getrocknet)
2 EL Rapsöl
2 EL weißer Essig
2 TL Kümmel
2 Lammlachse (à ca. 200 g)
80 g Schafskäse
Salz, Pfeffer
50 g Crème fraîche oder Schmand

1. 8 große äußere Wirsingblätter abteilen und gründlich waschen. Im flachen und tiefen Dampfgaraufsatz locker verteilen. 500 ml Wasser in den Mixbehälter gießen, Dampfgaraufsätze aufsetzen und Wirsing **15 Minuten/Dampfgar-Taste** dämpfen, bis die Blätter weich sind.
2. In der Zwischenzeit den restlichen Wirsing waschen, achteln und den harten Strunk entfernen. Die Zwiebel abziehen und vierteln, Dill oder Majoran waschen, mit Küchenpapier trocken tupfen und Blättchen von den Stielen zupfen.
3. Dampfgaraufsätze abnehmen, beiseite stellen und Blätter etwas abkühlen lassen. Mixbehälter ausleeren und abtrocknen. Den geschnittenen Wirsing in den Mixbehälter geben und **2 × 5 Sekunden/Stufe 5** mithilfe des Spatels zerkleinern, dann in eine Schüssel umfüllen.

4. Zwiebel und Dill oder Majoran in den Mixtopf geben und mit eingesetztem Messbecher **5 Sekunden/Turbo-Taste** zerkleinern. Mit dem Spatel nach unten schieben und das Öl dazugeben. **5 Minuten/Anbrat-Taste** andünsten.
5. Den Wirsing einfüllen, das restliche Wasser, Essig und Kümmel dazugeben und alles **20 Minuten/100 °C/Stufe 1/Linkslauf** garen.
6. In der Zwischenzeit die Lammlachse längs und quer halbieren und auf die blanchierten Wirsingblätter legen. Jeweils 10 g Schafskäse darauf verteilen, die Blätter zu Päckchen aufrollen und mit Zahnstochern fixieren. Mit der Naht nach unten in den flachen Dampfgaraufsatz legen.
7. Nach Ende der Wirsinggarzeit den Dampfgaraufsatz auf den Mixbehälter setzen, noch mal **20 Minuten/100 °C/Stufe 1/Linkslauf** einstellen und alles zusammen fertig garen.
8. Den Dampfgaraufsatz abnehmen und beiseite stellen. Das Wirsinggemüse mit Salz und Pfeffer abschmecken, Crème fraîche dazugeben und **5 Sekunden/Stufe 2/Linkslauf** vermischen. Je 2 Wirsingpäckchen auf 4 Tellern anrichten und das Gemüse danebensetzen.

Tipp: Wenn Sie keine Lust haben, Päckchen zu machen, bereiten Sie den gesamten Wirsing als Gemüse zu und legen als Beilage 4 Scheiben Kasseler (à ca. 150–200 g) gleich zu Beginn der Wirsinggarzeit in den Dampfgaraufsatz. Das Fleisch nach 20 Minuten Garzeit wenden. Ein gutes Aroma bekommt das Fleisch, wenn Sie es auf je 1 Lorbeerblatt und 3 zerdrückte Wacholderbeeren legen.

Lachseintopf mit Möhren und Kartoffeln

Für 4 Portionen • Pro Portion: 299 kcal, 16,9 g E, 14,8 g F, 21,6 g KH, 6,3 g Bal

1 Zwiebel
2 Knoblauchzehen
1 EL Rapsöl
1 Stange Lauch
250 g Möhren
250 g Kartoffeln
200 g Kohlrabi
200 g Lachsfilet ohne Haut
2 EL Zitronensaft
600 ml Gemüsebrühe
2 Stängel frischer Dill
50 ml Sahne
Salz, Pfeffer

1. Zwiebel abziehen und vierteln. Knoblauchzehen schälen. Beides mit dem Öl in den Mixbehälter geben und mit eingesetztem Messbecher **5 Sekunden/Turbo-Taste** zerkleinern. Mit dem Spatel nach unten schieben und **5 Minuten/Anbrat-Taste** andünsten.
2. Den Lauch putzen, längs aufschlitzen, gründlich waschen und in Streifen schneiden. Möhren, Kartoffeln und Kohlrabi schälen und putzen. Nach Belieben zum bissfesten Garen in Würfel und Scheiben schneiden und eventuell später im Mixbehälter zerkleinern.
3. Den Lachs waschen, trocken tupfen, in mundgerechte Würfel schneiden und mit 1 TL Zitronensaft beträufeln. Den Einlegeboden vom flachen Dampfgaraufsatz mit befeuchtetem Backpapier so auslegen, dass seitlich Schlitze zur Dampfzirkulation frei bleiben. Die Lachswürfel darauflegen.
4. Das Gemüse in den Mixbehälter geben und – je nach Belieben – **2–3 Sekunden/Turbo-Taste** zerkleinern. Mit dem Spatel nach unten schieben.
5. Gemüsebrühe angießen, den Dampfgaraufsatz aufsetzen und das Ganze **15 Minuten/100 °C/Stufe 1/Linkslauf** garen.
6. Den Dill waschen, trocken schütteln und die Blättchen von den Stängeln zupfen. Den Dampfgaraufsatz abnehmen und beiseite stellen.
7. Die Sahne zum Gemüse geben. Mit Salz, Pfeffer und dem restlichen Zitronensaft abschmecken.
8. Sahne-Gemüse auf 4 tiefe Teller verteilen, den Lachs darauflegen und mit dem Dill bestreut heiß servieren.

Info: Lachs hat viele gesundheitliche Vorteile: Die mehrfach ungesättigten Omega-3-Fettsäuren wirken positiv auf den Cholesterinspiegel und lassen den »guten« HDL-Cholesterinwert steigen. Carotine (daher die rötliche Färbung) fangen freie Radikale. Außerdem ist – wie in allen fetten Fischen – das fettlösliche Vitamin D enthalten, das zur Knochenbildung unerlässlich ist. Achten Sie beim Einkauf auf eines der Aufzucht- und Fangsiegel.

Lachs auf Spinat-Zucchini-Creme

Für 4 Portionen • Pro Portion: 444 kcal, 38,9 g E, 28,4 g F, 6,0 g KH, 4,7 g Bal

600 g Lachsfilet ohne Haut
1 EL Zitronensaft
Pfeffer
500 ml Wasser
200 g Zucchini
500 g Blattspinat (frisch oder TK)
1 Zwiebel
1 EL Olivenöl
150 ml Gemüsebrühe
40 g Frischkäse
Salz
40 g Pinienkerne

1. Das Lachsfilet waschen, trocken tupfen und in 4 Portionen teilen. Mit Zitronensaft beträufeln und mit Pfeffer würzen.
2. Den flachen Dampfgaraufsatz mit befeuchtetem Backpapier auslegen, dabei die seitlichen Schlitze zur Dampfzirkulation frei lassen. Den Lachs darauflegen.
3. Wasser in den Mixbehälter geben, den Dampfgaraufsatz aufsetzen und den Lachs **12 Minuten/Dampfgar-Taste** garen.
4. Die Zucchini waschen, putzen und grob zerschneiden. Den Spinat waschen, gut abtropfen lassen und verlesen (TK-Spinat antauen lassen). Die Zwiebel abziehen und vierteln.
5. Den Dampfgaraufsatz abnehmen und beiseite stellen, den Mixbehälter ausleeren und abtrocknen.

6. Zwiebel und Öl in den Mixbehälter geben und mit eingesetztem Messbecher **5 Sekunden/Turbo-Taste** zerkleinern. Mit dem Spatel nach unten schieben und **5 Minuten/Anbrat-Taste** andünsten.
7. Zucchini und Spinat dazugeben und **5 Sekunden/Stufe 4** mithilfe des Spatels zerkleinern. Die Brühe dazugießen, den Dampfgaraufsatz mit dem Lachs wieder aufsetzen und alles **8 Minuten/100 °C/Stufe 1** garen.
8. Den Dampfgaraufsatz wieder abnehmen und das Gemüse mit eingesetztem Messbecher **5 Sekunden/Stufe 6** pürieren. Den Frischkäse **3 Sekunden/Stufe 3** einrühren und die Gemüsecreme mit Salz und Pfeffer abschmecken.
9. Gemüsecreme auf 4 Teller verteilen, den Lachs in die Mitte setzen und Pinienkerne darüberstreuen.

Schellfisch mit Lauch in Senfsosse

Für 4 Portionen • Pro Portion: 307 kcal, 36,2g E, 13,2g F, 8,7g KH, 4,2g Bal

4 Schellfisch- oder Kabeljau-Filets (à ca. 150g)
1 EL Zitronensaft
3 Stangen Lauch (ca. 600g vorbereitet gewogen)
1 weiße Zwiebel
2 EL Rapsöl
500 ml Gemüsebrühe
1 TL Senfkörner
Salz, Pfeffer
4 Stängel glatte Petersilie
2 EL scharfer Senf
50 ml Sahne

1. Die Fischfilets mit Küchenpapier trocken tupfen, mit Zitronensaft beträufeln und ziehen lassen.
2. Den Lauch putzen, längs halbieren, die Enden auffächern und gründlich waschen. Grob in Stücke schneiden. Die Zwiebel abziehen und vierteln.
3. Zwiebel und Öl in den Mixbehälter geben und mit eingesetztem Messbecher **5 Sekunden/Turbo-Taste** zerkleinern. Mit dem Spatel nach unten schieben und **5 Minuten/Anbrat-Taste** andünsten.

4. Den Lauch dazugeben und **2 × 5 Sekunden/Stufe 4** mithilfe des Spatels zerkleinern. Brühe und Senfkörner zufügen.
5. Den flachen Dampfgaraufsatz mit befeuchtetem Backpapier so auslegen, dass die seitlichen Schlitze zur Dampfzirkulation frei bleiben, die Fischfilets darauflegen, salzen und pfeffern. Den Dampfgaraufsatz aufsetzen und das Ganze **15 Minuten/100 °C/Stufe 1/Linkslauf** garen.
6. In der Zwischenzeit die Petersilie waschen, mit Küchenpapier trocken tupfen, die Blätter von den Stängeln zupfen und hacken.
7. Den Dampfgaraufsatz abnehmen und beiseite stellen. Das Lauchgemüse mit Salz und Pfeffer abschmecken, den Senf dazugeben und **5 Sekunden/Stufe 4/Linkslauf** einrühren.
8. Lauchgemüse auf 4 Tellern anrichten. Fischfilets obenauf geben und mit Petersilie bestreut servieren.

Tipp: Wenn Sie nur 2 Portionen benötigen, können Sie für eine Mahlzeit am nächsten Tag den Fisch in Streifen schneiden, unter das Gemüse mischen und das Ganze in einem kleinen Topf bei milder Hitze aufwärmen.

Kabeljau auf Paprikapüree mit Sprossen

Für 4 Portionen • Pro Portion: 302 kcal, 34,2 g E, 12,8 g F, 9,9 g KH, 5,9 g Bal

500 g Paprikaschoten (gelb oder orange)
150 ml Wasser
600 g Kabeljaufilet
½ Zitrone
200 g Sprossen-Mix (z. B. Soja, Radieschen und Kresse)
2 EL Apfelessig
3 EL Olivenöl
1 TL Paprikapulver (rosenscharf oder edelsüß, je nach Geschmack)
Salz, Pfeffer
500 ml Wasser

1. Die Paprikaschoten waschen, putzen und grob zerschneiden. Mit dem Wasser in den Mixbehälter geben.
2. Das Kabeljaufilet mit Küchenpapier trocken tupfen und portionieren. Die Zitrone auspressen. Fisch mit 1 EL Zitronensaft beträufeln.
3. Den flachen Dampfgaraufsatz mit befeuchtetem Backpapier so auslegen, dass die seitlichen Schlitze zur Dampfzirkulation frei bleiben, die Fischfilets darauflegen, und alles zusammen **15 Minuten/100 °C/Stufe 1** garen.
4. In der Zwischenzeit die Sprossen waschen, gut abtropfen lassen, in eine Schüssel geben und mit Essig würzen. Den Dampfgaraufsatz abnehmen und beiseite stellen.
5. 2 EL Olivenöl, den restlichen Zitronensaft, Paprikapulver, Salz und Pfeffer zum Paprikagemüse in den Mixbehälter geben und **20 Sekunden/Stufe 5** zu einer feinen Soße mixen.
6. Zum Servieren die Paprikasoße auf 4 Teller streichen, Fisch darauflegen und die Sprossen daneben anrichten. Mit Pfeffer bestreuen und mit dem restlichen Olivenöl beträufeln.

Info: Sprossen sind leckere Vitamin-Booster. Kein Nahrungsmittel hat eine höhere Bioverfügbarkeit als Sprossen und Keime. Sie enthalten hochwertiges Eiweiß, mehr Vitamin C als Zitronen und eine lange Reihe stoffwechselaktiver Mineralstoffe und Spurenelemente. Verschiedene Sprossen wie Alfalfa, Soja oder Mungobohnen bekommen Sie in gut sortierten Supermärkten. Kresse gibt es (fast) überall. Im Internet finden Sie auch viele Anleitungen und Anregungen, wie Sie Sprossen ganz einfach selbst auf der Fensterbank ziehen können und so Ihre Vitaminspender immer zu Hause haben.

Kabeljau-Stew

Für 4 Portionen • Pro Portion: 342 kcal, 42,5 g E, 13,8 g F, 10,1 g KH, 4,4 g Bal

1 Zwiebel
1 Knoblauchzehe
200 g rote Paprikaschote
1 Peperonischote (nach Belieben)
1 EL Olivenöl
1 EL Paprikapulver (edelsüß oder rosenscharf)
400 ml Fisch- oder Kalbsfond
1 Zitrone
100 g Kirschtomaten
600 g Kabeljaufilet (ersatzweise Steinbeißer- oder Zanderfilet)
4 Garnelen
Salz, Pfeffer
2 EL Schnittlauch in Röllchen

1. Die Zwiebel abziehen und vierteln. Knoblauchzehe schälen. Paprikaschote (und Peperonischote nach Belieben) waschen, putzen und grob zerschneiden.
2. Zwiebel und Knoblauch mit dem Öl in den Mixbehälter geben und mit eingesetztem Messbecher **5 Sekunden/Turbo-Taste** zerkleinern. Mit dem Spatel nach unten schieben und **5 Minuten/Anbrat-Taste** andünsten.
3. Die Paprika- und eventuell Peperonistücke dazugeben, **3 Sekunden/Turbo-Taste** zerkleinern und **3 Minuten/Anbrat-Taste** andünsten.
4. Paprikapulver und Fond angießen. Die Zitrone heiß waschen, 1 gestrichenen EL Schale abraspeln und die Frucht auspressen. Die Kirschtomaten waschen und vierteln.
5. Den flachen Dampfgaraufsatz mit feuchtem Backpapier auslegen (darauf achten, dass die seitlichen Schlitze zur Dampfzirkulation frei bleiben). Den Fisch mit Küchenpapier trocken tupfen und in mundgerechte Stücke schneiden. Fisch und Garnelen auf das Backpapier legen, mit der Hälfte des Zitronensafts beträufeln und mit Salz und Pfeffer würzen.
6. Die Tomaten in den Mixbehälter geben, Dampfgaraufsatz aufsetzen und das Ganze **20 Minuten/Dampfgar-Taste** garen. Anschließend Dampfgaraufsatz abnehmen und beiseite stellen.
7. Soße mit Salz, Pfeffer und dem restlichen Limettensaft abschmecken. Kabeljau und Garnelen dazugeben und das Ganze **3 Minuten/80 °C/Stufe 1/Linkslauf** durchziehen lassen.
8. Kabeljau-Stew auf 4 Teller verteilen und mit Schnittlauch bestreut servieren.

Risotto

Die Anweisung bei der herkömmlichen Zubereitung heißt »rühren, rühren, rühren …« Das ist für die sämige Konsistenz des italienischen Klassikers unerlässlich. Erfreulicherweise übernimmt das Ihr Monsieur Cuisine mit demselben guten Ergebnis, was Puristen unter den Risotto-Rührern nicht gefallen wird.

Bestimmt kennen Sie die Risotto-Anleitungen in der Rezeptdatenbank oder App Ihres »Monsieur«, die gutes Gelingen garantiert. Da auch renommierte italienische Köche den Monsieur Cuisine für Risotto verwenden, wenn nur schnell mal 2–3 Portionen benötigt werden, haben wir uns dort ein paar Tricks abgeschaut.

Der Grundstein für ein wirklich gutes Risotto ist der richtige Reis. Während die bei uns üblichen Langkornsorten auch nach dem Kochen noch körnig und locker bleiben, wird Rundkornreis, der für Milchreis verwendet wird, sehr klebrig. Beides ist nicht gut für Risotto, da braucht es den Mittelkornreis, der nur leicht klebt, sehr stärkehaltig ist und schön cremig wird. Arborio (auch Avorio) aus dem Piemont hat recht dicke Körner und ist die häufigste und auch beliebteste Sorte. Sie bekommen Arborio problemlos in Supermärkten.

Grundrezept der italienischen Risotto-Meister

Für 4 Portionen • Pro Portion: 540 kcal, 8,7 g E, 33,5 g F, 50,3 g KH, 1,6 g Bal

2 Schalotten
2 EL Olivenöl
800 ml Brühe oder Fond (Gemüse, Kalb oder Geflügel, eventuell etwas Weißwein)
240 g Risotto-Reis
40 g geriebener Parmesan
40 g Butter

1. Schalotten abziehen, halbieren und mit dem Öl in den Mixbehälter geben. **5 Sekunden/Turbo-Taste** zerkleinern. Mit dem Spatel nach unten schieben und **5 Minuten/Anbrat-Taste** andünsten. In der Zeit die Brühe in einem Topf am Herd erhitzen.
2. Den Reis ungewaschen (!), damit die anhaftende Stärke erhalten bleibt, unbedingt auch **2–4 Minuten/120 °C/Stufe 1/Linkslauf** glasig dünsten. Das verhindert, dass die Reiskörner beim Kochen aneinanderkleben. Leider wird dieser Schritt gern übersprungen.
3. Gießen Sie den angedünsteten Reis erst mit ca. 100 ml heißer Brühe auf und lassen das Ganze **1 Minute/100 °C/Stufe 1/Linkslauf** vorgaren. (Wenn Sie mit kalter Brühe aufgießen kann der Reis hart werden.)
4. Dann können Sie die gesamte restliche heiße Flüssigkeit dazugeben. Sicherheitshalber mit dem Spatel den Reis vom Boden des Mixbehälters lösen und das Ganze **12–13 Minuten/100 °C/Stufe 1/Linkslauf** fertig kochen.
5. Anschließend 1 Minute nachquellen lassen und Parmesan und Butter mit dem Spatel einrühren.

Info: Kein Italiener würde für Risotto Instantbrühe verwenden! Der Monsieur Cuisine bietet einige Möglichkeiten, Brühe auf Vorrat herzustellen – ersatzweise sollten Sie zumindest Fond verwenden oder ein hochwertiges Extrakt.

Spargel-Risotto

Für 4 Portionen • Pro Portion: 378 kcal, 14,1 g E, 10,9 g F, 41,7 g KH, 3,1 Bal

40 g Parmesan
500 g grüner Spargel
2 Schalotten
2 Knoblauchzehen
1 EL Olivenöl
200 g Risotto-Reis
600 ml Gemüsebrühe
Salz, Pfeffer
20 g Butter

1. Parmesan in grobe Stücke schneiden, in den Mixehälter geben und mit eingesetztem Messbecher **5 Sekunden/Turbo-Taste** reiben. In eine Schüssel umfüllen und beiseite stellen.
2. Den Spargel – wenn nötig – im unteren Ende schälen und putzen. Köpfchen abtrennen und die Stangen in 2–3 cm lange Stücke schneiden. Die Köpfchen in den flachen Dampfgaraufsatz geben, die Spargelstücke in den tiefen Dampfgaraufsatz.
3. Die Schalotten abziehen und halbieren, die Knoblauchzehen schälen. Beides in den Mixbehälter geben und mit eingesetztem Messbecher **5 Sekunden/Turbo-Taste** zerkleinern. Mit dem Spatel nach unten schieben, das Olivenöl dazugeben und **5 Minuten/Anbrat-Taste** andünsten.
4. Den Reis (ungewaschen!) dazugeben und **3 Minuten/100 °C/Stufe 1/Linkslauf** glasig dünsten.
5. Die Gemüsebrühe (am besten zuvor auf dem Herd erhitzt) angießen und die beiden Dampfgaraufsätze aufsetzen. Reis in **20–25 Minuten/100 °C/Stufe 1/Linkslauf** weich kochen.
6. Nach Ende der Kochzeit Dampfgaraufsätze abnehmen und beiseite stellen. Wenn der Reis noch zu »al dente« ist, weitere **5–10 Minuten/100 °C/Stufe 1/Linkslauf** garen. Mit Salz und Pfeffer abschmecken.
7. Parmesan und Butter mit dem Spatel unterheben, die Spargelstücke dazugeben und **3 Sekunden/Stufe 3/Linkslauf** untermischen.
8. Risotto auf 4 Teller verteilen und mit den Spargelköpfen garniert servieren.

Info: Carnaroli-Reis ist ein beliebter Risottoreis aus dem Piemont. Dieser wird auch in einer ungeschälten Vollkorn-Variante angeboten. Ist allerdings recht teuer und erfordert die doppelte Kochzeit.

SÜSSES

Dampfgegarter Quarkkuchen

Für ca. 6 Portionen • Pro Portion: 224 kcal, 13,0 g E, 7,6 g F, 24,4 g KH, 3,5 g Bal

50 g feine Haferflocken
15 g Butter
½ Bio-Zitrone
etwas Fett für die Form
500 g Quark
75 g Zucker
1 Ei, Größe M
1 Pck. gemahlene Gelatine
1 l Wasser
250 g frische Himbeeren
Puderzucker (nach Belieben)

1. Die Haferflocken in der Butter in einer beschichteten Pfanne goldgelb rösten.
2. Eine Springform (Ø ca. 16 cm) sorgfältig einfetten, die Haferflockenmasse darin verteilen und fest drücken. Die Zitrone heiß waschen, die Schale einer Hälfte abraspeln und die halbe Frucht auspressen.
3. Quark, Zucker, Ei, Zitronenschale und -saft in den Mixbehälter geben und **20 Sekunden/Stufe 4/Linkslauf** cremig rühren.
4. Gelatine nach Packungsanleitung in einer Schüssel auflösen und mit 3 EL der Quarkmasse verrühren. In den Mixbehälter geben und alles zusammen **15 Sekunden/ Stufe 4/Linkslauf** vermischen.
5. Die Masse in die Springform füllen. Mit Klarsichtfolie abdecken und die Folie mit Küchengarn befestigen. Wasser in den Mixbehälter geben (er muss nicht gespült werden).
6. Springform in tiefen Dampfgaraufsatz stellen und den Kuchen **50 Minuten/Dampfgar-Taste** »backen«.
7. Kuchen in der Form etwas auskühlen lassen und mit den frischen Himbeeren (oder anderem Obst nach Saison) belegen. 1 Stunde im Kühlschrank durchkühlen lassen und nach Belieben mit Puderzucker bestäubt servieren.

Streuselkuchen mit Obst

Für ca. 8 Portionen • Pro Portion: 387 kcal, 5,0 g E, 21,9 g F, 41,2 g KH, 3,3 g Bal

200 g Äpfel
1 EL Zitronensaft
200 g Heidelbeeren
75 g Zucker
200 g kalte Butter in Stücken
300 g Mehl (Type 405 oder 550)
1 Ei, Größe M
1 Prise Salz

1. Die Äpfel waschen, nach Belieben schälen, vierteln, Kerngehäuse entfernen und Fruchtfleisch quer in dünne Spalten schneiden. Heidelbeeren waschen, verlesen und gut abtropfen lassen. Den Backofen auf 180 °C Ober-/Unterhitze (Umluft 160 °C) vorheizen.
2. Alle übrigen Zutaten in der angeführten Reihenfolge auf einmal in den Mixbehälter geben und **20 Sekunden/Kneten-Taste** zu einem krümeligen Teig kneten.
3. Die Hälfte der Streusel in einer gefetteten Spring- oder Quicheform (Ø ca. 26 cm) verteilen und leicht andrücken.
4. Das vorbereitete Obst darauf verteilen und mit den restlichen Streuseln bestreuen.
5. Im vorgeheizten Backofen auf der mittleren Schiene 45–50 Minuten backen, bis die Streusel goldbraun und knusprig sind. Lauwarm oder ausgekühlt servieren.

Info: Eine einfachere und schnellere Kuchenzubereitung werden Sie kaum finden. Streusel sind im Monsieur Cuisine flott gemacht – ohne klebrige Hände beim Kneten und Zerbröseln.
Crumble heißt der Streuselkuchen auf Englisch. Zum Unterschied zu unserem Kuchen hat er keinen Boden, das heißt, in die Form kommen das vorbereitete Obst und obenauf die Streusel. Was den Crumble zum »richtigen« Crumble macht, ist die Vorbereitung des Obstes. Es wird mit reichlich Zucker vermischt, der während des Backens karamellisiert.

Kuchen-Dessert

Wer will schon alten Kuchen, Kekse oder Lebkuchen essen? Aber Wegwerfen ist auch keine Option. Der Monsieur Cuisine hat eine Lösung: Trifle im Glas.

Für 4 Portionen • Pro Portion: 323 kcal, 6,7 g E, 14,5 g F, 40,9 g KH, 2,8 g Bal

100 g Kuchenreste oder Kekse (egal, ob hell oder dunkel)
2 EL Sirup (z. B. Holunderblüten- oder Ahornsirup)
1 Vanilleschote
½ Bio-Zitrone
100 g Mascarpone
100 g Quark
50 g Zucker (nach Belieben)
100 g Himbeeren oder anderes Beerenobst
4 EL Schokoladensoße (Fertigprodukt nach Belieben)

1. Kuchenreste mit Sirup in den Mixbehälter geben und **6–10 Sekunden/Stufe 3** nicht zu fein zerkrümeln. In eine Schüssel umfüllen und – wenn die Creme hell bleiben soll – den Mixbehälter säubern.
2. Vanilleschote längs aufschlitzen und das Mark herauskratzen. Zitrone heiß waschen, 1 TL Schale abraspeln und die halbe Frucht auspressen.
3. Mascarpone, Quark, Vanillemark, Zitronenraspel und -saft sowie den Zucker in den Mixbehälter geben und mit eingesetztem Messbecher **7 Sekunden/Stufe 4** vermischen.
4. Beerenobst waschen, verlesen und gut abtropfen lassen.
5. Kuchenreste, Creme und Beerenobst abwechselnd in Gläser oder Dessertschalen füllen und mindestens 1 Stunde im Kühlschrank durchziehen lassen. Vor dem Servieren nach Belieben dekorieren.

Reiskuchen

Für ca. 10 Portionen • Pro Portion: 277 kcal, 7,5 g E, 11,2 g F, 34,8 g KH, 3,4 g Bal

200 g Vollkornreis oder 400 g schon vorgekochter Reis
450 ml Wasser
Salz
3 Eier, Größe M
70 ml Rapsöl
50 g Rohrzucker
300 g Naturjoghurt
½ TL gemahlener Zimt
20 g Kakaopulver (Rohkostqualität)
½ TL Salz
1 Pck. Backpulver
200 g Volkornmehl (Type 1050)
etwas Fett für die Form
1 EL Puderzucker (nach Belieben)

1. Gewaschenen Reis mit Wasser und 1 Prise Salz in einen Topf geben, am Herd aufkochen lassen und anschließend bei milder Hitze zugedeckt 25 Minuten quellen lassen, bis an der Oberfläche kleine Vertiefungen zu sehen sind. Reis mit einer Gabel auflockern und offen ausdampfen lassen.
2. Den Backofen auf 180 °C Ober-/Unterhitze (Umluft 160 °C) vorheizen. Den Reis mit allen übrigen Zutaten in den Mixbehälter geben und **40 Sekunden/Kneten-Taste** vermischen. Eine Backform (ca. 18 cm) dünn einfetten und den Teig hineingeben. 30–35 Minuten auf der unteren Schiene im Backofen backen, bis der Kuchen an den Rändern Farbe angenommen und sich vom Formrand gelöst hat.
3. Kuchen aus dem Ofen nehmen und vollständig auskühlen lassen. Dann aus der Form lösen und – nach Belieben – mit Puderzucker dünn bestäuben.

Marmorkuchen

Für ca. 12 Stück • Pro Stück: 210 kcal, 4,4 g E, 111,3 g F, 22,0 g KH, 1,4 g Bal

4 Eier, Größe M
Salz
175 g weiche Butter
150 g Zucker
150 g Naturjoghurt
240 g Mehl (Type 450 oder 505)
1 Pck. Backpulver
40 g Kakaopulver (Rohkostqualität)
etwas Fett für die Form

1. Den Backofen auf 180 °C Ober-/Unterhitze (Umluft 160 °C) vorheizen.
2. Die Eier trennen. Das Eiweiß mit 1 Prise Salz in den sehr (!) sauberen Mixbehälter geben und den Rühraufsatz einsetzen. **4 Minuten/37 °C/Stufe 4** steif schlagen und in eine geräumige Schüssel umfüllen. Mixbehälter nicht spülen.
3. Eigelb mit Butter in Stücken und Zucker in den Mixbehälter geben und **3 Minuten/Stufe 2** schaumig rühren.
4. Joghurt, Mehl und Backpulver dazugeben und **30 Sekunden/Stufe 2** gut verrühren. Teig zum Eischnee geben und behutsam unterheben. Die Masse auf 2 Schüsseln verteilen und das Kakaopulver in eine Teighälfte einrühren.
5. Eine Guglhupfform oder 12 Muffinförmchen dünn einfetten und die beiden Teige abwechselnd einfüllen.
6. Marmorkuchen 25–30 Minuten (Muffins etwas kürzer) im Ofen backen. Der Kuchen ist fertig, wenn Sie mit einem Holzstäbchen in den Teig stechen und nichts daran kleben bleibt.
7. Kuchen in der Form vollständig auskühlen lassen und dann vorsichtig stürzen.

Apfel-Müsli-Kuchen

Für ca. 8 Portionen • Pro Portion: 231 kcal, 8,41 g E, 8,0 g F, 29,8 g KH, 3,9 g Bal

100 g Vollkornmehl (Type 1050)
200 g Haferflocken
50 g Rosinen oder Cranberrys
150 g Quark
130 g lauwarmes Wasser
1 TL Backpulver
1 TL Salz
4 Äpfel
50 g Walnusskerne
etwas Fett für die Form

1. Den Backofen auf 180 °C Ober-/Unterhitze (Umluft 160 °C) vorheizen.
2. Alle Zutaten (außer Äpfeln und Walnüssen) in den Mixbehälter geben und **10 Sekunden/Stufe 3** vermischen. Die Äpfel nach Belieben schälen oder waschen, vierteln, die Kerngehäuse entfernen und das Fruchtfleisch in dünne Spalten schneiden. Die Walnüsse hacken.
3. Äpfel und Walnüsse **6 Sekunden/Stufe 2/Linkslauf** unter den Teig heben. Eine Form (ca. 20 × 20 cm) dünn einfetten, den Teig hineingeben und im vorgeheizten Backofen 35–40 Minuten auf der mittleren Schiene backen, bis der Kuchen goldgelb ist. Noch heiß, lauwarm oder abgekühlt servieren.

Bananenküchlein

Für 4 Portionen (à 3 Stück) • Pro Portion: 283 kcal, 8,7 g E, 12,6 g F, 32,5 g KH, 2,3 g Bal

2 Eier, Größe M
Salz
2 Bananen
1 Vanilleschote
200 ml Milch
100 g Mehl (Type 450 oder 505)
1 TL Backpulver
20 g Butter
4 EL Schmand
Minzeblätter (nach Belieben)

1. Die Eier trennen. Eiweiß mit einer Prise Salz in den (supersauberen und fettfreien) Mixbehälter geben, Rühraufsatz einsetzen und in **3 Minuten/37 °C/ Stufe 4** einen steifen Schnee schlagen. In eine Schüssel umfüllen. Mixbehälter nicht spülen.
2. Die Bananen schälen. Eine Banane in Scheiben schneiden und beiseite stellen. Die andere Banane grob zerteilen und in den Mixbehälter geben. Vanilleschote längs aufschlitzen und das Mark herauskratzen.
3. Eigelb, Milch, Mehl, Backpulver und Vanillemark in den Mixbehälter geben und **10 Sekunden/Stufe 4** zu einem glatten Teig verarbeiten. Den Eischnee mit dem Spatel unterheben und **3 Sekunden/Stufe 4** unterrühren.
4. Die Hälfte der Butter in einer großen, beschichteten Pfanne mild erhitzen. Mit einem Löffel aus dem Teig 6 Häufchen in die Pfanne setzen und vorsichtig zu Küchlein drücken. Von jeder Seite 2–3 Minuten goldgelb backen. Mit der restlichen Butter und dem Teig ebenso verfahren.
5. Die Küchlein auf 4 Teller verteilen, je 1 EL Schmand obenauf setzen und mit Bananenscheiben und nach Belieben Minzeblättern belegt servieren.

Käsekuchen im Glas mit Kirschkompott

Für 6 Portionen • Pro Portion: 262 kcal, 9,1 g E, 11,1 g F, 30,6 g KH, 1,6 g Bal

Für den Kuchen:

70 g Kekse (z. B. Cantuccini)
20 g Butter
250 g Quark
100 g Frischkäse
1 Ei, Größe M
50 g Zucker
1 Pck. Vanillezucker
15 g Mehl
500 ml Wasser

Für das Kirschkompott:

250 g Kirschen
1 Bio-Orange
1 TL Speisestärke
10–20 g Zucker (nach Belieben)

1. Kekse und Butter in den Mixtbehälter geben, und mit eingesetztem Messbecher **10 Sekunden/Stufe 8** zerkleinern. Die Brösel auf 6 kleine, flache Schraubgläser (ca. 150 ml) verteilen und andrücken. Den Mixbehälter spülen und abtrocknen.
2. Quark, Frischkäse, Ei, Zucker, Vanillezucker und Mehl in den Mixbehälter geben und mit eingesetztem Messbecher **20 Sekunden/Stufe 5** verrühren.
3. Die Quarkmasse auf die Bröselmischung in den Gläsern geben und diese offen in den tiefen und flachen Dampfgaraufsatz stellen. Den Mixbehälter ausspülen und das Wasser einfüllen. Dampfgaraufsätze aufsetzen und die Kuchen **20 Minuten/Dampfgar-Taste** garen.
4. Die Kuchengläser (Vorsicht, heiß!) herausnehmen und abkühlen lassen. Mixbehälter ausleeren.
5. Während die Käsekuchen garen, können Sie für das Kirschkompott die Kirschen waschen, entsteinen und halbieren. Die Orange heiß waschen, 1 TL Schale abraspeln und die Frucht auspressen.
6. Kirschen, Orangenschale und -saft in den Mixbehälter geben und **6 Minuten/100 °C/Stufe 1** aufkochen lassen. Die Speisestärke in etwas Wasser anrühren und am Ende der Kochzeit durch die Deckelöffnung dazugeben. Dabei die Rührgeschwindigkeit auf 2 erhöhen.
7. Kompott in eine Schüssel umfüllen und nach Belieben mit Zucker süßen. Abkühlen lassen, auf die Kuchen im Glas verteilen und verschlossen bis zum Verzehr oder Picknick im Kühlschrank aufbewahren.

Beerentorte mit Sahnecreme

Für ca. 8 Portionen • Pro Portion: 332 kcal, 4,6 g E, 22,4 g F, 26,3 g KH, 3,3 g Bal

Für den Tortenboden:

115 g weiche Butter
75 g Zucker
2 Eier, Größe M
130 g Mehl (Type 405 oder 550)
½ Pck. Backpulver
10 g Salz
etwas Fett für die Form

Für den Belag:

300 g Beeren (nach Belieben)
1 Pck. Vanillezucker
200 ml Schlagsahne
50 g Puderzucker (nach Belieben)

1. Den Backofen auf 180 °C Ober-/Unterhitze (Umluft 160 °C) vorheizen.
2. Für den Boden Butter, Zucker und Eier in den Mixbehälter geben und mit eingesetztem Messbecher **2 Minuten/Stufe 3** schaumig rühren. Mehl, Backpulver und 1 Prise Salz dazugeben und alles **25 Sekunden/Kneten-Taste** zu einem glatten Teig verrühren.

3. Eine Springform (Ø ca. 24 cm) dünn einfetten und den Teig darin mit einer Teigkarte oder den Händen verteilen. Dabei einen Rand hochziehen. Teig 20 Minuten im Ofen backen, bis der Tortenboden goldgelb ist. Form aus dem Ofen nehmen und Boden vollständig auskühlen lassen, dann erst aus der Springform lösen. Den Mixbehälter spülen und abtrocknen.
4. Die Beeren behutsam waschen, gut abtropfen lassen und verlesen. 100 g Beeren mit dem Vanillezucker in den Mixbehälter geben und mit eingesetztem Messbecher **5 Sekunden/Stufe 8** pürieren. Auf dem Tortenboden verstreichen. Eventuell 1 EL der Masse zum Färben der Schlagsahne zurückbehalten. Den Mixbehälter spülen.
5. Rühraufsatz in den Mixbehälter einsetzen. Die Schlagsahne hineingießen und in **1–2 Minuten/Stufe 3** (Sichtkontrolle!) steif schlagen. Nach Belieben mit Puderzucker süßen und mit 1 EL Beerenmus färben.
6. Sahne auf dem Tortenboden verstreichen und die restlichen Beeren darauf verteilen. Torte bis zum Servieren im Kühlschrank aufbewahren.

Tipp: Den Tortenboden können Sie gut auf Vorrat backen und einfrieren. Zum Auftauen einfach 10 Minuten bei 180 °C in den Backofen geben.

Apfel-Muffins mit Mohn

Für 12 Stück • Pro Stück: 236 kcal, 6,0 g E, 14,6 g F, 18,8 g KH, 2,7 g Bal

4 Eier, Größe M
Salz
400 g Äpfel
2 EL Zitronensaft
etwas Fett für die Formen
100 g weiche Butter
2 EL Honig
1 Pck. Vanillezucker
40 g gemahlener Mohn
150 g Mehl (Type 405 oder 550)
100 g Mandelstifte
½ Pck. Backpulver

1. Den Backofen auf 175 °C Ober-/Unterhitze (Umluft 155 °C) vorheizen.
2. Die Eier trennen, Eiweiß mit einer Prise Salz in den (supersauberen und fettfreien) Mixbehälter geben, Rühraufsatz einsetzen und in **4 Minuten/37 °C/Stufe 4** einen steifen Schnee schlagen. In eine Schüssel umfüllen. Mixbehälter nicht spülen.

3. Die Äpfel schälen, vierteln, die Kerngehäuse entfernen. In den Mixbehälter geben und mit eingesetztem Messbecher **3 Sekunden/Stufe 5** zerkleinern. In eine Schüssel umfüllen und sofort mit Zitronensaft beträufeln. Mixbehälter nicht spülen.
4. Ein Muffinblech oder 12 geeignete Förmchen dünn mit Butter oder Öl einfetten.
5. Eigelb, Butter, Honig, Vanillezucker, Mohn, Mehl, 70g Mandelstifte und Backpulver in den Mixbehälter geben und mit eingesetztem Messbecher **15 Sekunden/Stufe 4/ Linkslauf** vermischen.
6. Die Teigmasse unter die Äpfel rühren und den Eischnee behutsam unterheben. Masse in den Formen verteilen, mit den restlichen Mandelstiften bestreuen und in ca. 20 Minuten im Ofen goldgelb backen.
7. Kurz vor Ende der Backzeit mit einem Zahnstocher in die Muffins stechen. Wenn kein Teig beim Herausziehen daran kleben bleibt, sind sie fertig und können aus dem Ofen geholt werden. In den Formen abkühlen lassen.

Tipp: Nach Belieben können Sie die Muffins vor dem Backen statt mit Mandelstiften auch mit Kürbiskernen, gehackten Nüssen oder Kokosraspel bestreuen.

Hefeklösse

Für 4 Portionen • Pro Portion: 563 kcal, 12,2 g E, 28,8 g F, 60,9 g KH, 5,7 g Bal

50 g Mohn
40 g Zucker
75 ml Milch
20 g frische Hefe
250 g Mehl (Type 405 oder 550)
1 Ei, Größe M
100 g Butter plus etwas zum Einfetten des Dampfgaraufsatzes
1 Prise Salz
40 g Zwetschgenmus (Fertigprodukt oder Rezept auf Seite 34)
gemahlener Zimt
1–2 TL Rum (nach Belieben)
500 ml Wasser

1. Mohn und 30 g Zucker in den Mixbehälter geben und mit eingesetztem Messbecher **30 Sekunden/Stufe 10** mahlen. In eine Schüssel umfüllen und beiseite stellen. Den Mixbehälter spülen.
2. Milch, den restlichen Zucker und zerbröselte Hefe in den Mixbehälter geben und **1 Minute/37 °C/Stufe 2** erwärmen.
3. Mehl, Ei, 25 g Butter und Salz dazugeben und **2 Minuten/Kneten-Taste** zu einem Teig verarbeiten. Teig auf die Arbeitsfläche stürzen, zu 4 Kugeln formen und abgedeckt an einem warmem Ort 1 Stunde gehen lassen.
4. Zwetschgenmus mit Zimt und – nach Belieben – Rum in einer kleinen Schüssel verrühren. Die Klöße flach drücken, jeweils ¼ des Zwetschgenmuses in die Mitte setzen und zu Knödeln formen.
5. Den tiefen Dampfgaraufsatz mit Backpapier auslegen, mit etwas Butter einfetten und die Klöße daraufsetzen. Darauf achten, dass noch Öffnungen für die Dampfzirkulation frei bleiben. Nochmals abgedeckt 30 Minuten gehen lassen.
6. Wasser in den Mixbehälter geben, Dampfgaraufsatz aufsetzen und die Klöße **20 Minuten/Dampfgar-Taste** garen. In der Zwischenzeit die restliche Butter in einer Pfanne zerlassen.
7. Die Klöße auf 4 Teller verteilen, mit zerlassener Butter begießen und mit dem Mohn-Zucker-Gemisch bestreut heiß servieren.

Tipp: Germknödel, wie die Hefeklöße in Österreich und Bayern heißen, sind recht sättigend – eine Portion reicht auch als Hauptgericht. Als kleines Dessert können Sie aus dem im Rezept angegebenen Teig 8 oder 12 kleine Klöße formen und diese im flachen und tiefen Dampfgaraufsatz verteilen.

Schokoladen-Orangen-Reis

Für 4 Portionen • Pro Portion: 254 kcal, 6,4 g E, 14,0 g F, 24,1 g KH, 3,1 g Bal

100 g Vollkornreis (am besten Vollkorn-Rundkornreis)
450 ml Wasser
Salz
50 g dunkle Schokolade (75 % Kakaoanteil)
1 Bio-Orange
½ TL gemahlener Zimt
5 g Kakaopulver (Rohkostqualität)
50 g gemahlene Mandeln oder Haselnüsse

1. Den Reis mit Wasser und 1 Prise Salz in den Mixbehälter geben und in **7 Minuten/100 °C/ Stufe 1 /Linkslauf** aufkochen lassen. Anschließend **15 Minuten/60 °C/Stufe 1/ Linkslauf** mit eingesetztem Messbecher quellen lassen, bis alle Flüssigkeit aufgesogen ist.
2. In der Zwischenzeit die Schokolade fein raspeln. Die Orange waschen, halbieren und aus der Mitte 4 dünne Scheiben abschneiden. Die restliche Frucht auspressen (benötigt werden ca. 100 ml Saft).
3. Orangensaft, Schokoladenraspel, Zimt, Kakaopulver und gemahlene Mandeln zum Reis geben und **10 Sekunden/Stufe 2/Linkslauf** unterrühren.
4. Warm oder abgekühlt auf Teller verteilen und mit den Orangenscheiben garnieren.

Tipp: Für dieses Rezept können Sie bereits vorgekochten Reis verwenden. Vom vorgekochten Reis brauchen Sie ca. 220 g.

Milchreis mit Birnenkompott

Für 4 Portionen • Pro Portion: 281 kcal, 9,7 g E, 0,9 g F, 56,5 g KH, 3,7 g Bal

1 l Milch
1 Vanilleschote (nach Belieben)
1 Prise Salz
250 g Rundkornreis
2 reife Birnen
150 ml Wasser
gemahlener Zimt

1. Milch in den Mixbehälter gießen. Die Vanilleschote längs aufschlitzen und das Mark herauskratzen. Mark, Schote und Salz zur Milch geben.
2. Die Birnen waschen (oder schälen), vierteln und die Kerngehäuse entfernen. Das Fruchtfleisch würfeln und in den Kocheinsatz legen.
3. Alles zusammen in **7 Minuten/100 °C/Stufe 1/Linkslauf** aufkochen lassen und dann **15–20 Minuten/60 °C/Stufe 1/Linkslauf** ziehen lassen.
4. Vanilleschote aus dem Reis entfernen. Reis und Birnenkompott in Schüsseln anrichten und mit gemahlenem Zimt bestreuen.

Tipp: Sie können den Milchreis auch in einer Vollkornvariante zubereiten. Dabei bitte die Packungsanleitung für den Vollkornreis beachten, denn er hat wesentlich längere Kochzeiten und benötigt mehr Flüssigkeit.

Kleine Baisers

Die klassische Verwertung von übrig gebliebenem Eiweiß (welches Sie übrigens auch einfrieren können) sind kleine Baisers, die Sie im Backofen vollständig trocknen lassen und dann in einem verschließbaren Beutel oder in einer Dose lange aufbewahren können. Dafür muss das Eiweiß sehr fest sein. Setzen Sie den Rühraufsatz in den supersauberen Mixbehälter. Schlagen Sie 5 Eiweiß **5 Minuten/37 °C/Stufe 4.** (Pro Eiweiß jeweils 1 Minute.) Dann **7 Minuten/Stufe 3** am Gerät einstellen und durch die Deckelöffnung 125 g Puderzucker, eine Prise Salz und nach Belieben etwas Lebensmittelfarbe in ca. 1 Minute einrieseln lassen. Weiter schlagen, bis die Masse ganz steif ist.
Geben Sie den steifen Schnee in eine Spritztülle und setzen Sie kleine Häufchen auf 1 oder 2 Backbleche. Ca. 90 Minuten bei 100 °C Ober-/Unterhitze (80 °C Umluft) trocknen lassen. Dabei die Ofentür einen Spalt offen lassen, damit die Feuchtigkeit entweichen kann. (Indem Sie zum Beispiel einen hölzernen Kochlöffel einklemmen.) Zum Testen, ob die kleinen Baisers auch wirklich trocken sind, zerbröseln Sie eines zwischen den Fingern. Wenn nichts mehr klebt und weich ist, auskühlen lassen.

Pavlova mit Kirschen

Für 8 Portionen • Pro Portion: 278 kcal, 3,4 g E, 89,1 g F, 44,6 g KH, 1,9 g Bal

Für die Pavlova:

4 Eiweiß, Größe M
Salz
200 g Puderzucker
1 EL Apfelessig
1 TL Speisestärke

Für den Kirschenbelag:

200 ml eiskalte Schlagsahne
500 g Kirschen
1 Vanilleschote
50 g Zucker
100 ml Weißwein oder Kirschsaft
2 TL Speisestärke

1. Den Backofen auf 100 °C Ober-/Unterhitze (Umluft 80 °C) vorheizen. Den Rühraufsatz in den supersauberen Mixbehälter setzen, das Eiweiß mit 1 Prise Salz hineingeben und **4 Minuten/37 °C/Stufe 4** zu einem steifen Schnee schlagen.
2. **7 Minuten/Stufe 3** am Gerät einstellen, den Puderzucker durch die Deckelöffnung einrieseln lassen, dann Apfelessig und Speisestärke dazugeben und Eiweiß sehr steif schlagen.
3. Ein Backblech mit Backpapier belegen und aus dem Eischnee eine Torte von Ø ca. 25 cm formen (alternativ 8 kleinere Pavlovas) und mit einer Kelle eine Mulde in die Mitte drücken.

4. Blech auf die 2. Schiene von unten in den Ofen schieben und Eiweißmasse 2 Stunden trocknen lassen, dabei die Backofentür einen kleinen Spalt (hölzernen Kochlöffel einklemmen) offen lassen.
5. Für den Belag die Sahne im Mixbehälter mit dem **Rühraufsatz/Stufe 3** steif schlagen. Dabei durch die Deckelöffnung beobachten, wann die Sahne steif ist. In eine Schüssel umfüllen und kühl stellen. Den Mixbehälter spülen.
6. Die Kirschen waschen und gut abtropfen lassen. Ca. die Hälfte der besonders schönen Kirschen beiseite stellen. Die restlichen Früchte entstielen und entkernen. Die Vanilleschote aufschlitzen und das Mark herauskratzen.
7. Entkernte Kirschen, Vanillemark, Zucker und Weißwein in den Mixbehälter geben und in **7 Minuten/100 °C/Stufe 1** aufkochen lassen. Die Stärke mit ein wenig Wasser glatt rühren. **2 Minuten/100 °C/Stufe 2** am Gerät einstellen und die Stärke nach und nach durch die Deckelöffnung zum Kompott geben. Anschließend alles **4 Sekunden/Stufe 6** leicht pürieren. In eine Schüssel umfüllen und kalt stellen.
8. Die ausgekühlte Pavlova auf einen Teller geben, die Schlagsahne in die Mulde füllen, das Kirschenkompott darüberlöffeln und die ganzen Kirschen zum Garnieren verwenden.

Melonen-Sorbet

Für 4 Portionen • Pro Portion: 247 kcal, 5,5 g E, 0,3 g F, 55,5 g KH, 2,0 g Bal

400 g Cantaloupe-Melone (vorbereitet gewogen)
½ Limette
75 g Zucker
2 Eiweiß, Größe M

1. Die Melone halbieren, entkernen und schälen. In ca. 2 cm große Stücke schneiden, flach auf einem Tablett oder Gefrierbeutel ausbreiten und 3 Stunden ins Gefrierfach legen.
2. Die halbe Limette auspressen. Den Zucker in den Mixbehälter geben und mit eingesetztem Messbecher **10 Sekunden/Stufe 10** pulverisieren. Limettensaft und gefrorene Melonenstücke dazugeben und **15 Sekunden/ Stufe 8** zerkleinern.
3. Mit dem Spatel nach unten schieben und mit dem Eiweiß **2 Minuten/Stufe 5** cremig rühren.
4. Auf Dessertschüsseln verteilen und sofort servieren.

Tipp: Auch Pfirsiche, Nektarinen oder Aprikosen eignen sich für das Sorbet. Nach Belieben können Sie es mit Minzeblättchen oder mit Fruchtstücken dekorieren.

Zitronengranita

Für ca. 12 Portionen • Pro Portion: 184 kcal, 0,7 g E, 0,2 g F, 46,1 g KH, 1,2 g Bal

500 g Zucker
500 ml Wasser
1 kg Bio-Zitronen

1. Zucker und Wasser in den Mixbehälter geben und in **10 Minuten/100 °C/Stufe 2** zum Kochen bringen.
2. In der Zwischenzeit die Zitronen heiß waschen und von 4 Zitronen die Schale abraspeln. Die Früchte auspressen, sodass Sie 500 ml Saft erhalten.
3. Die Zitronenraspel durch die Deckelöffnung in das kochende Zuckerwasser geben und **1 Minute/100 °C/Stufe 1** einrühren. Das Ganze in ein gefrierfestes, geräumiges längliches Gefäß füllen und vollständig auskühlen lassen.
4. Den Zitronensaft unterrühren, das Gefäß in den Tiefkühler stellen und fest werden lassen. Zum Servieren einfach mit einem Esslöffel Flocken abschaben und in Gläser oder Schälchen füllen.

Tipp: Etwas Vanillemark, Zimt oder Kardamom geben der Granita einen feinen Geschmack.

Panna cotta mit Mango

Für 4 Portionen • Pro Portion: 325 kcal, 4,0 g E, 26,5 g F, 17,4 g KH, 0,6 g Bal

1 Vanilleschote oder 1 Pck. Vanillezucker
300 ml Schlagsahne
30 g Zucker
1 Pck. gemahlene Gelatine
1 kleine Mango (ca. 150 g Fruchtfleisch)

1. Die Vanilleschote aufschlitzen und das Mark herausschaben. Vanillemark mit der Sahne und dem Zucker in den Mixbehälter geben und **15 Minuten/100 °C/Stufe 1** kochen lassen.
2. **1 Minute/90 °C/Stufe 2** am Gerät einstellen und die Gelatine langsam durch die Deckelöffnung einrieseln lassen.
3. Creme in 4 mit kaltem Wasser ausgespülte Gläser füllen und erkalten lassen. Dann mindestens 2 Stunden im Kühlschrank durchkühlen lassen.
4. Vor dem Servieren die Mango schälen, das Fruchtfleisch vom harten Kern abschneiden und würfeln. Die Panna cotta mit den Mangowürfeln bestreut servieren.

Schoko-Avocado-Mousse

Für 4 Portionen • Pro Portion: 369 kcal, 5,5 g E, 4,7 g F, 26,9 g KH, 2,0 g Bal

150 g beliebige Schokolade oder Schokoladenreste
50 ml Milch
20 g Kakaopulver (Rohkostqualität)
1 große reife Avocado (ca. 200 g Fruchtfleisch)
1 kleine Banane
1 Zweig frische Minze

1. Die Schokolade grob zerbrechen und zusammen mit der Milch und dem Kakaopulver in den Mixbehälter geben. **3 Minuten/75 °C/Stufe 2** schmelzen lassen.
2. Avocado längs halbieren, den Kern entfernen und das Fruchtfleisch mit einem Esslöffel aus der Schale heben. Die Banane schälen und in Stücke schneiden.
3. Beides in den Mixbrhälter zur Schokolade geben und mit eingesetztem Messbecher **10 Sekunden/Stufe 5** zu einer glatten Creme pürieren.
4. Die Minze waschen, trocken schütteln und die Blätter vom Stängel zupfen.
5. Creme auf 4 Gläser verteilen, mit Minze dekorieren und zugedeckt im Kühlschrank 1 Stunde oder länger durchziehen lassen.

Zabaglione

Auch die Zubereitung dieses klassischen italienischen Desserts, das auf Französisch Sabayon heißt, stellt – wie alles, das im Wasserbad geschlagen wird – eine gewisse Herausforderung dar. Deshalb wird dafür gern der Monsieur Cuisine eingesetzt, da er die voreingestellte Temperatur exakt halten kann.

Für 4 Portionen • Pro Portion: 197 kcal, 3,3 g E, 6,4 g F, 27,3 g KH, 0 g Bal

4 Eigelb, Größe M
100 g Zucker
1 EL Speisestärke
100 ml trockener Weißwein
Amarettini oder Beerenobst (nach Belieben)

1. Den Rühraufsatz in den (sehr sauberen!) Mixbehälter einsetzen, Eigelb, Zucker, Speisestärke und Wein in den Mixbehälter geben und das Ganze **10 Minuten/80 °C/Stufe 3** schaumig rühren.
2. In hohe Gläser oder Dessertschalen füllen und nach Belieben mit Amarettini und Beerenobst garnieren.

Tipp: Wenn Sie auf Alkohol verzichten wollen, ersetzen Sie den Wein durch eher säuerlichen Apfel- oder hellen Traubensaft.

Aprikosen-Zabaglione

Für 4 Portionen • Pro Portion: 117 kcal, 2,3 g E, 3,3 g F, 19,3 g KH, 0,8 g Bal

150 g reife Aprikosen
2 Eigelb, Größe M
30 g brauner Zucker
1 EL Zitronensaft
200 ml Aprikosensaft (oder -nektar)
2–4 frische Minzeblätter (nach Belieben)

1. Die Aprikosen waschen, mit Küchenpapier trocken tupfen, entkernen und in schmale Spalten schneiden.
2. Eigelb, Zucker Zitronensaft und Aprikosensaft in den Mixbehälter geben. Den Rühraufsatz einsetzen und das Ganze **10 Minuten/80 °C/Stufe 3** schaumig schlagen.
3. Die Creme auf 4 Gläser oder Tassen verteilen und mit den Aprikosenspalten und – nach Belieben – Minzeblättern garnieren.

Tipp: Genauso können Sie mit mit Kirschen, Zwetschgen oder Heidelbeeren eine fruchtige Zabaglione herstellen.

Vanillepulver für Pudding und Sossen

Für ca. 30 Portionen à 10,5 g Pulver • Pro Portion: 37 kcal, 0,1 g E, 0 g F, 9,0 g KH, 0,2 g Bal

5 Vanilleschoten

300 g Speisestärke

1. Die Vanilleschoten längs aufschlitzen und das Mark herausschaben.
2. Vanillemark und Speisestärke in den Mixbehälter geben und mit eingesetztem Messbecher **30 Sekunden/Stufe 7** verrühren, bis sich das Mark komplett mit der Stärke vermischt hat.
3. Mischung in ein Schraubglas (ca. 300 ml Inhalt) füllen, dieses gut verschließen und an einem dunklen Ort aufbewahren.

Info: 42 g des Pulvers entsprechen 1 Pck. Vanillepudding aus dem Supermarkt.

Vanillepudding

Für 4 Portionen • Pro Portion: 169 kcal, 4,9 g E, 6,6 g F, 22,5 g KH, 0,2 g Bal

500 ml Milch
1 Prise Salz
30 g Zucker
1 Eigelb
1 Prise gemahlene Kurkuma
42 g Vanillepulver

1. Milch, Salz, Zucker, Eigelb, Kurkuma und Vanillepulver in den Mixbehälter geben und mit eingesetztem Messbecher **10 Sekunden/Stufe 6** gut vermischen.
2. In **7 Minuten/100 °C/Stufe 3** aufkochen lassen und heiß in kalt ausgespülte Formen füllen. Zugedeckt abkühlen lassen und dann weiter im Kühlschrank ganz erkalten lassen.

Tipp: Zur Herstellung einer Vanillesoße brauchen Sie für dieselbe Menge Milch nur 20–25 g Pulver.

Schokoladenpulver für Pudding und Sossen

Für ca. 30 Portionen à 12,5 g Pulver • Pro Portion: 44 kcal, 0,7 g E, 0,3 g F, 9,1 g KH, 0,9 g Bal

1 Vanilleschote
300 g Speisestärke
75 g Kakaopulver (Rohkostqualität)

1. Die Vanilleschote längs aufschlitzen und das Mark herausschaben.
2. Vanillemark, Speisestärke und Kakaopulver in den Mixbehälter geben und mit eingesetztem Messbecher **30 Sekunden/Stufe 7** verrühren, bis die Zutaten komplett vermischt sind – eventuell noch ein paar Sekunden dazugeben.
3. Pulver in ein Schraubglas (ca. 400 ml Inhalt) füllen, dieses gut verschließen und an einem dunklen Ort aufbewahren.

Schokoladenpudding

Für 4 Portionen • Pro Portion: 219 kcal, 5,3 g E, 7,7 g F, 31,4 g KH, 1,5 g Bal

500 ml Milch
1 Prise Salz
30 g Zucker, nach Geschmack auch mehr
50 g Schokoladenpulver (siehe oben)
50 g Zartbitterschokolade

1. Milch, Salz, Zucker und Schokoladenpulver in den Mixbehälter geben und mit eingesetztem Messbecher **10 Sekunden/Stufe 6** gut vermischen. Schokolade grob zerschneiden und dazugeben.
2. Das Ganze in **7 Minuten/100 °C/Stufe 3** aufkochen lassen und heiß in kalt ausgespülte Formen füllen. Zugedeckt abkühlen lassen und dann weiter im Kühlschrank ganz erkalten lassen.

Jelly-Shot mit Brombeeren

Für 4 Portionen • Pro Portion: 54 kcal, 2,0 g E, 0,6 g F, 6,9 g KH, 6,7 g Bal

300 g TK-Himbeeren
3 Blatt Bio-Gelatine
100 g frische Brombeeren
einige Minzblätter (nach Belieben)

1. Die TK-Himbeeren in ein feines Sieb geben und über einer Schüssel auftauen lassen. Leicht ausdrücken, sodass ein klarer Saft entsteht. Saft mit kaltem Wasser auf 300 ml auffüllen. (Die übrig gebliebenen Himbeeren zum Beispiel in einem Müsli oder für einen Smoothie verwenden.)
2. Die Gelatine 5 Minuten in einer Schale mit kaltem Wasser einweichen. Dann tropfnass in den Mixbehälter geben und **5 Minuten/40 °C/Stufe 1** auflösen. Dabei nach und nach den Himbeersaft durch die Deckelöffnung dazugeben.
3. Flüssigkeit auf 4 kleine Gläser verteilen und 2–3 Stunden im Kühlschrank gelieren lassen.
4. Die Brombeeren behutsam waschen, entstielen und gut abtropfen lassen. Auf dem Jelly verteilen und nach Belieben mit einigen Minzblättchen garnieren.

Konditorcreme

Der Traum aller Naschkatzen! Im Windbeutel, zwischen Blätterteig oder auf kleinen Mürbeteigböden – ohne Konditorcreme, oder vornehmer Crème pâtissière, geht gar nichts. Und wer hilft Ihnen dabei am besten? Monsieur Cuisine! Ganz ohne Anbrennen oder Klumpen.

Für ca. 24 Portionen à 1 EL • Pro Portion: 52 kcal, 1,2 g E, 2,9 g F, 5,1 g KH, 0 g Bal

2 Vanilleschoten
(ersatzweise 2 Pck. Bourbon-Vanillezucker)
500 ml Milch
75 g Zucker
4 Eigelb, Größe M
1 Prise Salz
55 g Mais- oder Kartoffelstärke
30 g Butter

1. Vanilleschoten längs aufschlitzen und das Mark herauskratzen. Schoten und Mark zusammen mit der Milch in den Mixbehälter geben und in **7 Minuten/100 °C/Stufe 2** zum Kochen bringen. In einen Krug umfüllen und 5 Minuten zugedeckt ziehen lassen. Mixbehälter nicht spülen, aber abkühlen lassen.
2. Zucker und Eigelb mit einer Prise Salz in den Mixbehälter geben und **2 Minuten/Stufe 2** schaumig rühren. **1 Minute/Stufe 2** am Gerät einstellen und die Maisstärke nach und nach durch die Deckelöffnung einrieseln lassen.
3. Vanilleschoten aus der Milch entfernen. **7 Minuten/95 °C/Stufe 4** am Gerät einstellen und den Messbecher einsetzen. Die Vanillemilch langsam auf den Behälterdeckel gießen, sodass sie unter dem Messbecher durch langsam in den Topf rinnt.
4. Die Creme soll, nachdem die Milch dazugekommen ist, 1 Minute lang kochen, damit sie fest wird. Eventuell etwas Zeit nachstellen.
5. Die Butter in Stücke schneiden und **20 Sekunden/Stufe 3** unterrühren. Crème in eine Schüssel umfüllen und mit Frischhaltefolie so zudecken, dass die Folie dicht auf der Creme aufliegt – sonst bildet sich eine Haut. Im Kühlschrank abkühlen lassen und nach Belieben weiterverwenden.

Tipp: Eine feine Buttercreme für Tortenfüllungen entsteht, wenn Sie 300 g weiche Butter im Mixbehälter **30 Sekunden/Stufe 4** cremig rühren. Anschließend Gerät auf Stufe 3 laufen lassen und die Konditorcreme esslöffelweise durch die Deckelöffnung dazugeben.

Windbeutel

Für ca. 36 Stück • Pro Portion: 102 kcal, 3,7 g E, 5,6 g F, 9,1 g KH, 0,5 g Bal

750 ml Wasser
150 g Butter
1 TL Salz
450 g Mehl (Type 405)
12 Eier, Größe M

1. Wasser, Butter und Salz in den Mixbehälter geben und in **10 Minuten/100 °C/ Stufe 1** aufkochen lassen.
2. Das Mehl dazugeben und **25 Sekunden/Stufe 4** vermischen. Teig mit dem Spatel von der Topfwand lösen und 15 Minuten abkühlen lassen.
3. Den Backofen auf 200 °C (für Umluft weniger geeignet) vorheizen. 1 hitzebeständige Tasse mit Wasser auf den Backrost (unterste Schiene) stellen. 2 Backbleche mit Backpapier auslegen.
4. Das Gerät auf Stufe 5 stellen und nach und nach die Eier durch die Deckelöffnung zum Teig geben. Wenn alle Eier eingerührt sind, das Ganze nochmals **40 Sekunden/ Stufe 5** vermischen.
5. Den Brandteig in einen Spritzbeutel füllen und kleine Häufchen oder Streifen in ca. 5 cm Abstand auf die Backbleche spritzen.
6. Windbeutel 20–25 Minuten pro Blech auf der mittleren Schiene im Ofen goldgelb backen. Dabei die Ofentür während der Backzeit nicht öffnen.
7. Windbeutel herausnehmen und komplett erkalten lassen. Nach Belieben mit Konditorcreme (Seite 184 oder Fertigprodukt) oder Sahne füllen.
8. Zum Einfrieren auf einen gefrierbeständigen Teller nebeneinanderstellen, einfrieren und erst dann in Gefrierbeutel geben. So können die Windbeutel einzeln entnommen werden. Sie halten sich ca. 6 Monate im Tiefkühler.

Teig für Crêpes

Für ca. 15 Stück • Pro Portion: 132 kcal, 4,9 g E, 6,1 g F, 13,9 g KH, 0,7 g Bal

50 g Butter
600 ml Milch
100 ml Mineralwasser (sprudelnd)
250 g Mehl (Type 405)
4 Eier, Größe M
1 Prise Salz
Butter oder Butterschmalz zum Braten

1. Die Butter in den Mixbehälter geben und **1 ½ Minuten/80 °C/Stufe 2** flüssig werden lassen.
2. Milch, Mineralwasser, Mehl, Eier und Salz dazugeben und mit eingesetztem Messbecher **15 Sekunden/Stufe 4** vermischen.
3. Teig in eine Schüssel umfüllen und 30 Minuten bei Zimmertemperatur ruhen lassen.
4. Wenn Sie die Crêpes gleich zubereiten wollen, den Teig portionsweise in eine kleine heiße Pfanne mit Butter oder Butterschmalz geben, zu einem Fladen verlaufen lassen und diesen von beiden Seiten braun backen. Nach Belieben süß oder salzig belegen.

Tipp: Sie können den Teig auf Vorrat zubereiten und in einer Flasche mit breiter Öffnung oder einem großen Schraubglas 2–3 Tage im Kühlschrank aufbewahren. Vor dem Backen gut durchrühren.
Crêpes, das sind die hauchdünnen Franzosen. Für Pfannkuchen oder Palatschinken nehmen Sie ca. 60 g mehr Mehl dazu, für die pummeligen amerikanischen Pancakes ca. 100 g Mehl mehr.
Zum Einfrieren die fertigen Crêpes mit Backpapier trennen. Nach dem Auftauen kurz in einer gebutterten beschichteten Pfanne knusprig backen.

Eiscreme

Die Grundzutaten zur Herstellung von Fruchteis mit dem Monsieur Cuisine sind meist zuvor eingefrorene Früchte.
Bei Bedarf dann die Fruchteiswürfel im Monsieur Cuisine bei hoher Geschwindigkeit zerkleinern und anschließend mit dem Rühraufsatz cremig rühren.
Hilfreich ist es, den Mixbehälter zuvor im Gefrierschrank stark zu kühlen und möglichst schnell zu arbeiten, sonst schmilzt die Eismasse wieder, bevor das Eis fertig ist. Wie in der Eisdiele wird das Eis nicht ganz – es wird immer weicher bleiben, da wir keine Stabilisatoren und sonstigen Hilfsmittel verwenden.

Himbeer-Softeis

Für ca. 4 Portionen • Pro Portion: 177 kcal, 2,1 g E, 8,3 g F, 19,4 g KH, 8,4 g Bal

500 g Himbeeren oder Erdbeeren
1 Pck. Vanillezucker
30 g Zucker
100 g Crème fraîche oder Sahne

1. Die Himbeeren behutsam waschen, verlesen und gut abtropfen lassen. Einige schöne Früchte zur Dekoration beiseite legen. Die restlichen auf einem kältebeständigen Teller ausbreiten und 3 Stunden im Tiefkühlfach gefrieren lassen.
2. Die gefrorenen Himbeeren mit Vanillezucker und Zucker in den Mixbehälter geben und mit eingsetztem Messbecher **10 Sekunden/Stufe 8** zerkleinern.
3. Eis mit dem Spatel an den Topfrand schieben, den Rühraufsatz einsetzen, die Crème fraîche dazugeben und in **20 Sekunden/Stufe 4** cremig verrühren.
4. Das Softeis gleich in 4 Schalen (am besten zuvor in den Tiefkühler stellen) anrichten und mit den restlichen Himbeeren dekorieren.

Bananen-Mandel-Eis mit Trockenobst

Für 4 Portionen • Pro Portion: 96 kcal, 2,1g E, 1,9g F, 17,9g KH, 1,3g Bal

2 Bananen
150ml ungesüßter Mandeldrink
½ Vanilleschote
30g Trockenfrüchte (z.B. Rosinen und Bananen)
15g Mandeln
15g Sonnenblumenkerne

1. Die Bananen schälen, in Scheiben schneiden und flach ausgebreitet für 3 Stunden in den Tiefkühler geben. 100ml Mandeldrink in ein flaches Gefäß (oder Eiswürfelbehälter) geben und ebenfalls tiefkühlen.
2. Die Vanilleschote längs aufschlitzen und das Mark herauskratzen.
3. Alle Zutaten (bis auf den restlichen Mandeldrink) in den Mixbehälter geben und mit eingesetztem Messbecher **10 Sekunden/Stufe 8** zerkleinern.
4. Den restlichen Mandeldrink dazugießen, Rühraufsatz einsetzen und das Eis **20 Sekunden/Stufe 4** cremig rühren.

Tipp: Variieren Sie gerne nach Geschmack Trockenfrüchte, Nüsse und Samen. Sie können die fertig gerührte Eismasse auch in Eiswürfelbehältern einfrieren und kurz vor dem Servieren **10 Sekunden/Stufe 8** zerkleinern und anschließed mit dem Rühraufsatz cremig rühren.

Rezeptregister

Vegetarisch

Bildnachweis

Shutterstock.com:
S. 10: olcha; S. 12: Albert Garrido; S. 17: Veronika Idiyat, iuliia_n, MaraZe, Kati Finell, Ksenija Toyechkina, HandmadePictures, apolonia, Nelli Kovalchuk, mama_mia; S. 18: artem evdokimov; S. 19: Liliya Kandrashevich; S. 20: KONSTANTIN_SHISHKIN; S. 21: Irina Rostokina; S. 22: NoirChocolate; S. 23: SUPERGAL; S. 24: YuliiaHolovchenko; S. 26: tag2016; S. 27: MRS.Siwaporn; S. 28: Nedim Bajramovic; S. 29: marco mayer; S. 30: natashamam; S. 31: MAHATHIR MOHD YASIN; S. 33: Jiri Hera; S. 34: Heike Rau; S. 35: mama_mia; S. 36: Tatjana Baibakova; S. 37: NinaM; S. 38: Sea Wave; S. 39: Dan Gutu; S. 40: kochabamba ; S. 41: Goskova Tatiana; S. 42: Shebeko; S. 43: Liliya Kandrashevich; S. 44: Timolina; S. 46: Lesya Dolyuk; S. 49: Elena Shashkina; S. 50: Philip Stridh; S. 51: AtlasStudio; S. 53: HandmadePictures; S. 54: apolonia; S. 57: Veronika Idiyat; S. 58: Lapina Maria; S. 60: iuliia_n; S. 61: Taratorki; S. 62: Alexander Prokopenko; S. 63: zoryanchik; S. 65: Anna_Pustynnikova; S. 66: Losangela; S. 68: vkuslandia; S. 70: Kolpakova Svetlana; S. 72: OlegD; S. 73: anfoto; S. 75: ArtCookStudio; S. 76: Shaiith; S. 78: Sergii Koval; S. 80: Brent Hofacker; S. 82: Maria Popa Photo; S. 83: Alieva Liubov; S. 85: Sergii Koval; S. 86: nelea33; S. 89: Cesarz; S. 91: Kiian Oksana; S. 92: JJava Designs; S. 94: from my point of view; S. 95: SMarina; S. 96: Fh Photo; S. 97: Sunflower Light Pro; S. 98: ElenaChaykinaPhotography; S. 100: Aleeksa; S. 102: Sergii Koval; S. 104: Kiian Oksana; S. 105: Iaroshenko Maryna; S. 106:Oksana Mizina ; S. 107: Anna_Pustynnikova; S. 108:Ksenija Toyechkina ; S. 111: Anna Shepulova; S. 112:JoannaTkaczuk; S. 114: Joshua Resnick; S. 117: Sergii Koval; S. 118: tab62; S. 121:Goskova Tatiana; S. 122: Fischer Food Design; S. 125:Bartosz Luczak; S. 126: Slavica Stajic; S. 128: Natalia Lisovskaya; S. 130: Sergii Koval; S. 132: Olga Miltsova; S. 134:Francesco83; S. 135: hlphoto; S. 136:Alina G; S. 138:Natalia Evstigneeva; S. 141: Hans Geel; S. 145: hlphoto; S. 145: Timolina; S. 148: mmkarabella; S. 150: Rene Zografos; S. 152: Tatiana Vorona; S. 154: Anna_Pustynnikova; S. 156: sedir; 158: Nelli Kovalchuk; S. 159: Sergii Koval; S. 160: Ahanov Michael; S. 161: Anastasiia from Ukraine; S. 162: Elena Shashkina; S. 164: Sergii Koval; S. 166: Tere Crystal Enns; S. 168: ygor; S. 170: Mehriban A; S. 171: Barbara Neveu; S. 173: Anna Shepulova; S. 174: vsiivova; S. 175: Oksana Mizina; S. 176: Amawasri Pakdara; S. 177: Brent Hofacker; S. 178: kosam; S. 179: Lanichka; S. 180: MaraZe; S. 183: Y. A. Photo; S. 184: Moab Republic; S. 186: Alessio Orru; S. 187: Anna_Pustynnikova; S. 188: baibaz stockcreations; S. 189: Kati Finell

iStocksphoto.com:
S. 85: ALLEKO; S. 142: lauraag